Plats mijotés

Photos : Mark T. Shapiro
Stylisme culinaire : Kate Bush
Stylisme artistique : Charlene Erricson
Vérification des recettes : Jennifer MacKenzie
Révision et correction : Odette Lord

**Catalogage avant publication de
Bibliothèque et Archives Canada**

Donna-Marie Pye

    Plats mijotés : 125 recettes actuelles à la mijoteuse électrique

    Traduction de : The best family slow cooker recipes.

    1. Cuisson lente à l'électricité.   2. Mets en casserole.
I. Titre.

TX827.P9314 2005   641.5'884   C2005-941551-7

Pour en savoir davantage sur nos publications,
visitez notre site : **www.edhomme.com**
Autres sites à visiter : www.edjour.com
www.edtypo.com • www.edvlb.com
www.edhexagone.com • www.edutilis.com

11-05

© 2003, Donna-Marie Pye (textes)
© 2003, Robert Rose Inc. (photos)

© 2005, Les Éditions de l'Homme,
une division du groupe Sogides,
pour la traduction française

L'ouvrage original a été publié
par Robert Rose Inc.,
sous le titre *The Best Family Slow Cooker Recipes*

Dépôt légal : 3ᵉ trimestre 2005
Bibliothèque nationale du Québec

ISBN 2-7619-2086-4

DISTRIBUTEURS EXCLUSIFS :

• Pour le Canada et les États-Unis :
MESSAGERIES ADP*
955, rue Amherst
Montréal, Québec H2L 3K4
Tél. : (514) 523-1182
Télécopieur : (450) 674-6237
* Filiale de Sogides ltée

• Pour la France et les autres pays :
INTERFORUM
Immeuble Paryseine, 3, Allée de la Seine
94854 Ivry Cedex
Tél. : 01 49 59 11 89/91
Télécopieur : 01 49 59 11 96
Commandes :   Tél. : 02 38 32 71 00
                    Télécopieur : 02 38 32 71 28

• Pour la Suisse :
INTERFORUM SUISSE
Case postale 69 - 1701 Fribourg - Suisse
Tél. : (41-26) 460-80-60
Télécopieur : (41-26) 460-80-68
Internet : www.havas.ch
Email : office@havas.ch
DISTRIBUTION : OLF SA
Z.I. 3, Corminbœuf
Case postale 1061
CH-1701 FRIBOURG
Commandes :   Tél. : (41-26) 467-53-33
                    Télécopieur : (41-26) 467-54-66
                    Email : commande@ofl.ch

• Pour la Belgique et le Luxembourg :
INTERFORUM BENELUX
Boulevard de l'Europe 117
B-1301 Wavre
Tél. : (010) 42-03-20
Télécopieur : (010) 41-20-24
http ://www.vups.be
Email : info@vups.be

Gouvernement du Québec – Programme de crédit
d'impôt pour l'édition de livres – Gestion SODEC –
www.sodec.gouv.qc.ca

L'Éditeur bénéficie du soutien de la Société de
développement des entreprises culturelles du Québec
pour son programme d'édition.

Le Conseil des Arts du Canada
The Canada Council for the Arts

Nous remercions le Conseil des Arts du Canada de l'aide
accordée à notre programme de publication.

Nous reconnaissons l'aide financière du gouvernement
du Canada par l'entremise du Programme d'aide au
développement de l'industrie de l'édition (PADIÉ) pour
nos activités d'édition.

Donna-Marie Pye

Plats mijotés

125 recettes
actuelles
à la **mijoteuse**
électrique

Traduit de l'anglais
par Odette Lord

 LES ÉDITIONS DE
L'HOMME

Introduction

Plus j'utilise la mijoteuse et plus je suis convaincue de ses qualités. Et ma grande histoire d'amour avec cet appareil date d'il y a déjà plusieurs années. À cette époque, je faisais la navette entre mon travail et la maison – et j'avais une longue distance à parcourir. J'utilisais alors ma mijoteuse au moins une fois par semaine, car je voulais avoir un succulent repas quand je revenais le soir.

Aujourd'hui, je n'ai plus à faire ces longs trajets, je suis conseillère en économie domestique pigiste, épouse occupée et mère de deux enfants de 10 et 7 ans. Comme ils ont de nombreuses activités parascolaires, j'utilise encore ma mijoteuse et j'essaie de trouver des façons nouvelles et créatives de nourrir les membres de ma famille.

Tout le monde aime manger, mais nous devons tous nous préoccuper de ce que nous allons préparer tous les soirs. C'est pourquoi de plus en plus de gens découvrent les avantages de la mijoteuse. Cet appareil a vu le jour il y a plus de 30 ans. Il servait alors à cuire les fèves au lard. Depuis, la mijoteuse a subi plusieurs transformations et s'est grandement améliorée. Mais elle continue d'être un appareil de cuisson qui permet de bien gérer son temps et elle devrait avoir sa place dans toutes les cuisines. Après tout, qui n'a pas envie, au retour du travail, d'avoir un bon repas maison chaud qui l'attend à la fin de la journée?

Ce livre de recettes comprend les plats traditionnels préférés de la famille comme ceux qui sont le reflet du monde multiculturel dans lequel nous vivons. J'aime toujours autant le Pain de viande traditionnel (voir p. 86) et le Macaroni au fromage cuit lentement (voir p. 140). Toutefois, je peux aussi voyager dans le monde entier – en Orient pour goûter les Wraps au porc et au gingembre (voir p. 114), en Inde pour une savoureuse Soupe Mulligatawny (voir p. 40) ou en Russie pour un Borscht du printemps (voir p. 49). Je vous offre également quelques-uns de mes desserts préférés, comme le Merveilleux gâteau au fromage pour la mijoteuse (voir p. 174) et certains condiments et friandises qui se conservent bien.

Les plats cuits à la mijoteuse sont toujours des choix tout indiqués pour les réunions et c'est aussi une bonne façon de partager des repas avec des amis. Ils sont parfaits pour les repas-partage, les réunions de bureau ou les réunions paroissiales. Plus de six millions de mijoteuses sont maintenant vendues chaque année en Amérique du Nord. Les consommateurs trouvent donc de plus en plus de façons d'utiliser cet appareil de cuisson pratique. J'ai donc intitulé l'un des chapitres de cet ouvrage « Recevoir en utilisant la mijoteuse » et il est spécialement conçu pour les occasions où vous vous demandez : « Que devrais-je apporter… ? »

J'espère que vous aurez du plaisir à préparer ces recettes pour la mijoteuse et que vous apprendrez à compter sur votre mijoteuse pour vous aider à élaborer des repas maison sans stress.

Comment utiliser votre mijoteuse

La mijoteuse convient à tout le monde : les familles, les couples, les célibataires, les étudiants et les personnes plus âgées. Que votre emploi du temps soit très chargé ou que vous aimiez faire la cuisine sans vous presser, la mijoteuse peut vous aider à préparer des repas bien équilibrés sans que vous ayez besoin de passer des heures devant un four chaud.

Le principe de base est simple. Vous préparez les ingrédients quand cela vous convient – la veille ou tôt le matin –, vous les mettez dans la cocotte de la mijoteuse, vous allumez l'appareil et vous laissez cuire le tout pendant que vous êtes au travail. Quand vous revenez à la fin de la journée, de délicieux arômes vous envahissent. Il ne reste qu'à préparer une salade et à verser vos boissons préférées… et un succulent repas maison est prêt à servir et à savourer.

Les avantages de la cuisson à la mijoteuse

J'utilise la mijoteuse depuis maintenant plusieurs années et je suis de plus en plus convaincue des merveilleux avantages de cet appareil. La mijoteuse est non seulement pratique et facile à transporter, mais la cuisson des aliments à basse température donne des plats tendres et savoureux. La cuisson à la mijoteuse attendrit les coupes de viande les plus dures, car elle les cuit dans leur jus et en brise lentement les tissus conjonctifs. Les ragoûts et les chilis ne sèchent pas et ne collent pas au fond de la casserole. De plus, la basse température qui demeure constante donne d'excellents résultats, même avec les plats les plus délicats comme les puddings et les flans.

Comment fonctionne la mijoteuse ?

La mijoteuse est un appareil simple basé sur des techniques traditionnelles. L'appareil possède un revêtement de métal, une cocotte qui s'insère à l'intérieur et un couvercle de verre ou de plastique hermétique. Les éléments chauffants de faible puissance sont situés entre les côtés intérieur et extérieur du revêtement métallique. Quand les éléments chauffent, ils réchauffent l'air qui est entre les parois métalliques, puis réchauffent le métal. La chaleur gagne ensuite le coussin d'air qui se trouve entre la paroi métallique et la cocotte. Comme les éléments chauffants ne sont jamais en contact direct avec la cocotte, il n'y a pas d'endroits où c'est très chaud, ce qui élimine le besoin de brasser sans arrêt. La mijoteuse utilise à peu près la même quantité d'énergie qu'une ampoule de 100 watts – et beaucoup moins qu'un four ordinaire.

Les types de mijoteuse

La première mijoteuse a été créée en 1971 par l'entreprise Rival Company's Crock-Pot®. Au départ, il n'y avait qu'une taille de mijoteuse mais, de nos jours, on en trouve toute une variété : de la petite de 1 litre (4 tasses) à la grande de 7 litres (28 tasses). Les petits appareils sont parfaits pour les sauces et les trempettes, tandis que les grands sont idéaux pour les rôtis entiers et les desserts. Pour plus de commodité et pour faciliter le nettoyage, optez pour un modèle à cocotte amovible.

Plusieurs personnes possèdent plus d'une mijoteuse. Mon mari et moi avons vite abandonné la mijoteuse de 3,5 litres (14 tasses) quand notre famille a grossi. J'utilise maintenant de plus grandes mijoteuses pour nourrir mes enfants qui grandissent. La plupart des recettes de ce livre ont été conçues pour des appareils de 4 et 6 litres (16 et 24 tasses) – les modèles les plus populaires sur le marché –, mais beaucoup de ces recettes peuvent être préparées dans des appareils de tailles différentes. Consultez les directives au début de chaque recette, vous y trouverez la taille de mijoteuse suggérée. La taille et la forme de l'appareil affectent les temps de cuisson. Généralement, plus l'appareil est petit, plus le temps de cuisson est court.

Certains manufacturiers vendent un appareil à usages multiples, qui remplit un grand nombre de fonctions comme faire dorer les aliments, les faire sauter, bouillir, braiser, mijoter et frire. Ces appareils peuvent être utilisés pour certains types de cuisson, mais ils ne sont pas faits pour toutes les recettes pour mijoteuse. Dans ces modèles, l'élément chauffant est situé dans la base de l'appareil : la cuisson se fait donc en chauffage direct. Contrairement aux mijoteuses, les appareils à usages multiples demandent de la supervision, car il faut brasser les aliments qui ont tendance à coller au fond. Si vous voulez cuire les aliments lentement, ces appareils conviennent davantage aux soupes et aux ragoûts. Comme la chaleur est directe, les liquides s'évaporent plus rapidement et les aliments ne peuvent pas toujours supporter les longues heures qui sont le propre de la cuisson lente.

Le guide d'utilisation fourni par le manufacturier vous donnera de plus amples informations sur la façon d'entretenir et de nettoyer votre mijoteuse. Il faut lire attentivement ces recommandations avant de vous lancer dans votre première recette. D'autres facteurs peuvent affecter le temps de cuisson comme une très grande humidité, de hautes altitudes et des fluctuations d'électricité. Il faut être prudent si vous êtes touchés par l'un de ces facteurs.

Conseils pour réussir vos plats à la mijoteuse

La mijoteuse peut vous faire épargner beaucoup de temps et vous permettre de créer des plats délicieux et nutritifs. Néanmoins, il existe certains trucs qui peuvent vous aider à utiliser l'appareil et à en tirer tous les avantages.

Faites d'abord griller viande et volaille et sauter les légumes

C'est habituellement une bonne idée de faire griller la viande avant de la mettre dans la mijoteuse. Même si cette étape vous demande quelques minutes de plus, faire griller la viande améliorera grandement le résultat final. Cela améliorera la couleur de la viande en la caramélisant, mais cela créera aussi une réaction chimique qui en libérera toute la saveur. De plus, faire sauter les légumes avec des épices et des fines herbes séchées avant de les mettre dans la mijoteuse donne une sauce plus riche et plus relevée.

Pour faire griller la viande et sauter les légumes, ajoutez une petite quantité d'huile à un grand poêlon antiadhésif ou dans une grosse cocotte. Chauffez à feu moyen-élevé, puis ajoutez l'aliment. Faites griller de petites quantités de viande à la fois, sinon elle bouillira au lieu de griller. Brassez ou retournez souvent la viande pour la faire griller également de tous les côtés, puis mettez-la dans la mijoteuse. Saupoudrez la viande de farine assaisonnée avant de la faire cuire, plutôt qu'après, pour réduire les risques d'avoir une sauce pleine de grumeaux.

Pour intensifier la saveur, déglacez la casserole au vin ou au bouillon après avoir fait griller la viande. Il s'agit tout simplement de verser une petite quantité de liquide dans le poêlon et de brasser en raclant le fond du poêlon pour enlever tous les petits morceaux qui y ont adhéré. Portez à ébullition, réduisez le feu et laissez mijoter pendant 1 ou 2 min en brassant. Versez ce liquide sur la viande, dans la mijoteuse.

N'ajoutez pas trop de liquide

L'une des premières choses que vous allez remarquer en cuisant à la mijoteuse, c'est la quantité de liquide qui s'accumule dans la cocotte. Comme la mijoteuse cuit à basse température, le liquide ne s'évapore pas comme il le fait lorsque l'on cuit à la chaleur sèche. La vapeur ne peut pas s'échapper à mesure qu'elle monte dans l'appareil, elle s'accumule donc sous le couvercle, puis s'égoutte dans le liquide de la mijoteuse. Cela peut rendre les jus de cuisson plus clairs. À cause de cela, la plupart des recettes pour la mijoteuse, à l'exception des recettes de soupe, de ragoût et de sauce, nécessitent environ la moitié moins de liquide que les recettes habituelles.

S'il y a trop de liquide à la fin de la cuisson, retirez le couvercle, réglez l'appareil à haute température et faites cuire, sans couvercle, de 30 à 45 min pour faire réduire le liquide. Ou encore, retirez les éléments solides à l'aide d'une écumoire, puis couvrez-les pour les garder au chaud. Versez les jus de cuisson dans une casserole et faites-les réduire, à feu élevé, sur la cuisinière jusqu'à ce que la sauce ait la consistance désirée.

Cuisez toujours avec le couvercle

Quand vous utilisez la mijoteuse, cuisez toujours avec le couvercle. La plupart des appareils ont un couvercle en verre ou en plastique résistant pour emprisonner la chaleur à mesure qu'elle monte et qu'elle se transforme en vapeur. C'est en fait ce qui cuit les aliments. Si vous enlevez le couvercle, cela créera beaucoup de pertes de chaleur (que la mijoteuse ne pourra retrouver rapidement), ce qui pourrait finalement affecter le temps de cuisson. Retirez le couvercle seulement quand c'est le temps de vérifier la cuisson, d'ajouter des ingrédients ou au moment de brasser.

Coupez les légumes en morceaux égaux

Les légumes crus prennent souvent plus de temps à cuire dans la mijoteuse que la viande et la volaille. Les légumes-racines comme les carottes, les panais, les navets et les pommes de terre mijotent au lieu de bouillir dans le liquide de cuisson. C'est pour cela que les aliments doivent être coupés en cubes qui ont à peu près tous la même grosseur, mais qui ne sont pas plus gros que 2,5 cm (1 po). Il est également préférable de les placer aussi près que possible du fond et des côtés de la cocotte pour qu'ils puissent profiter de la proximité de la source de chaleur.

Observez les températures et les temps de cuisson recommandés

La mijoteuse cuit les aliments à une basse température qui reste constante. À basse température, les aliments cuisent à environ à 100 °C (200 °F) et à haute température, à environ 150 °C (300 °F). Toutefois, la température de cuisson peut varier selon les marques et les modèles. Quand vous utilisez l'appareil pour la première fois, vérifiez la cuisson des aliments après le temps de cuisson minimum recommandé. Vous comprendrez vite que la mijoteuse cuit rapidement et vous pourrez modifier les temps de cuisson, si nécessaire.

Dans les recettes où une seule température est indiquée, faites cuire le plat à cette température. Cette règle est particulièrement importante dans le cas des hors-d'œuvre et dans celui des desserts, car si vous les faites cuire trop ou pas assez, la qualité du plat pourrait être affectée. Pour obtenir des plats plus tendres, faites cuire à basse température les coupes plus dures comme celles des rôtis à braiser ou de la viande à ragoût, elles seront souvent meilleures.

De nombreuses personnes souhaitent allumer leur mijoteuse le matin avant d'aller travailler et revenir à la maison 9 ou 10 heures plus tard et avoir un repas chaud, prêt à manger. Plusieurs des plats principaux et des soupes de cet ouvrage peuvent cuire aussi longtemps à basse température, mais ils peuvent aussi être prêts à manger plusieurs heures avant (dans ce cas, plus d'un temps de cuisson est indiqué). Toutefois, des aliments comme le poulet et les côtelettes de porc ne résistent pas longtemps à de longs temps de cuisson. Les plats à base de haricots peuvent aussi devenir très mous s'ils sont cuits longtemps. Vous apprendrez vite la meilleure façon d'utiliser la mijoteuse pour cuire les aliments à votre goût.

Assaisonnez généreusement

Parce que les aliments cuisent plus longtemps dans la mijoteuse que lorsque l'on cuit selon les méthodes traditionnelles, il vaut mieux utiliser des feuilles de fines herbes séchées et des épices entières ou broyées, plutôt que des fines herbes et des épices moulues, si vous pouvez en trouver. De façon générale, les herbes fraîches comme le basilic et la coriandre devraient être ajoutées pendant la dernière heure de cuisson. Goûtez toujours le plat avant de le servir et rectifiez l'assaisonnement, au besoin.

Utilisez plus de plats et de casseroles

Dans les méthodes de cuisson traditionnelles, les flans, les puddings et les gâteaux au fromage sont souvent cuits dans un bain d'eau chaude ou bain-marie. Cela veut dire qu'il faut placer le moule dans une autre casserole remplie d'eau bouillante. La chaleur de l'eau se transmet au plat à cuire et la cuisson se fait lentement. Alors, l'aliment ne caille pas et aucune croûte ne se forme.

La technique du bain d'eau chaude fonctionne à merveille dans la mijoteuse. Les flans, les puddings et les gâteaux au fromage restent crémeux. De plus, les gâteaux au fromage restent également bien lisses.

Le défi, c'est de trouver un moule qui s'adaptera parfaitement à la mijoteuse. Vous aurez d'abord besoin d'une grande mijoteuse ronde ou ovale. Les petites mijoteuses pourront habituellement recevoir seulement les moules achetés directement du fabricant de la mijoteuse ou un ancien modèle de moule à pudding muni d'un couvercle. Les plats à cuisson de 1 ou 1,5 litre (4 ou 6 tasses) allant au four entrent facilement dans la plupart des mijoteuses plus grandes. Si vous faites un gâteau au fromage de 17 ou 20 cm (7 ou 8 po), un moule à charnière devrait faire l'affaire.

Pour retirer sans difficulté un moule de la mijoteuse, faites-lui des poignées de papier d'aluminium. Coupez un morceau de papier d'aluminium de 60 cm (2 pi) en 2 dans le sens de la longueur. Pliez chaque morceau en 2 dans le sens de la longueur et entrecroisez les bandes sous le moule. Ramenez ensuite les bandes de papier sur les côtés du moule et repliez les extrémités à l'intérieur du couvercle. Utilisez les poignées de papier pour retirer le moule de la mijoteuse. Pour vous aider à retirer le moule, vous pouvez aussi couvrir la mijoteuse d'une double épaisseur de mousseline à fromage. Ces deux méthodes vous épargneront d'avoir à sortir le moule maladroitement à l'aide de spatules ou de gants de cuisine.

Faites certaines choses à l'avance

Quand on utilise la mijoteuse, il faut être suffisamment organisé pour que tout soit prêt à l'avance. Si vous voulez allumer la mijoteuse tôt le matin, essayez de préparer différentes choses la veille :

- Hachez les carottes, le céleri et les autres ingrédients et placez-les au réfrigérateur jusqu'au lendemain ;
- Faites décongeler les légumes surgelés au frigo toute la nuit ;
- Parez et coupez (mais ne faites pas griller) la viande et la volaille ;
- Rassemblez les ingrédients non périssables et les ustensiles de cuisine dans un endroit où vous pourrez les reprendre facilement.

Vous trouverez dans ce livre des recettes qui se prêtent davantage à faire certaines étapes à l'avance. Elles sont accompagnées de la mention « Vous pouvez faire à l'avance… », puis de la façon de procéder. De nombreuses recettes peuvent aussi être complètement cuites à l'avance et conservées au réfrigérateur ou au congélateur pour un usage ultérieur.

La salubrité des aliments

Selon les autorités américaines en matière d'agriculture, il faut une température de 74 °C (165 °F) pour tuer les bactéries. Dans une mijoteuse qui est correctement utilisée (c'est-à-dire quand le couvercle est bien en place et que l'aliment est cuit à la bonne température et pendant le temps nécessaire), les aliments atteignent assez rapidement la température interne de cuisson qui empêche les bactéries de se développer. Pour vous assurer que la mijoteuse peut transférer la chaleur efficacement des parois de métal à la cocotte, puis à l'aliment, ne remplissez pas la mijoteuse plus qu'aux trois quarts et cuisez toujours avec le couvercle.

Conseils de sécurité

- Utilisez toujours de la viande et de la volaille fraîche ou décongelée. Si vous utilisez de la viande surgelée ou partiellement décongelée, cela augmentera le temps requis pour que la température atteigne la zone de sécurité où les bactéries ne peuvent plus se développer.
- Vous devez habituellement faire décongeler les légumes comme les pois et les haricots avant de les mettre dans la mijoteuse pour ne pas qu'ils ralentissent la cuisson. Faites-les décongeler dans le réfrigérateur toute la nuit ou mettez-les sous l'eau froide pour les décongeler et les séparer.

- Faites cuire la viande hachée et la volaille complètement avant de les mettre dans la mijoteuse. (Le pain de viande fait exception et les directives appropriées sont données dans les recettes.) Si vous faites cuire la viande hachée la veille, placez-la au réfrigérateur séparément avant de la mélanger avec les autres ingrédients dans la mijoteuse.
- Ne mettez pas de viande ou de volaille crue ou partiellement cuite au réfrigérateur dans la cocotte de la mijoteuse, car la cocotte deviendra très froide et ralentira la cuisson. Cuisez partiellement la viande ou la volaille seulement si vous l'ajoutez immédiatement à la mijoteuse. Ne mettez pas la viande et la volaille au réfrigérateur dans la cocotte pour les cuire plus tard.
- Les viandes et les légumes déjà coupés doivent être conservés séparément au réfrigérateur. Après avoir coupé de la viande crue, n'utilisez jamais la même planche à découper ni le même couteau pour d'autres aliments sans bien les laver au savon et à l'eau chaude entre les différentes utilisations.
- Quand vous cuisez une volaille entière ou un pain de viande, utilisez un thermomètre à viande pour vérifier la cuisson exacte. Insérez le thermomètre dans la partie la plus charnue de la cuisse ou dans le pain de viande pour vous assurer que la température atteint 77 °C (170 °F).
- Ne retirez jamais le couvercle de la mijoteuse pendant la cuisson. Quand vous enlevez le couvercle, la mijoteuse prend environ 20 min à retrouver sa température de cuisson.
- Retirez les restes de la cocotte et placez-les au réfrigérateur aussitôt que possible.
- Ne réchauffez pas dans la mijoteuse des aliments cuits. Les restes peuvent être décongelés au réfrigérateur ou au micro-ondes, puis réchauffés au four, au micro-ondes ou sur la cuisinière, dans une casserole.

Recevoir en utilisant la mijoteuse

Vous allez à une réunion et vous voulez apporter quelque chose de délicieux pour le buffet. Mais la semaine a été chargée et vous n'avez pas vraiment eu le temps de penser à cela. Qu'allez-vous faire ?

Utilisez votre mijoteuse, elle vous sauvera la vie. Plusieurs d'entre nous avons de la difficulté à planifier ce que nous allons manger tous les soirs, alors choisir le plat le plus approprié à servir à ses amis peut être encore plus difficile.

Les repas-partage sont l'occasion parfaite d'utiliser la mijoteuse. Cet appareil permet d'épargner beaucoup de temps et laisse la cuisinière libre pour préparer d'autres plats. Et, bien sûr, vous pouvez servir directement à même la mijoteuse, ce qui élimine des plats de service et facilite le nettoyage. J'utilise souvent ma mijoteuse lors de rencontres, à la maison comme à l'extérieur.

Quelques conseils pour le transport de la mijoteuse

- Enveloppez la mijoteuse dans une serviette ou dans du papier journal pour l'isoler, puis déposez-la dans une boîte ou dans un autre contenant qui restera bien à plat dans la voiture. Certains manufacturiers de mijoteuses vendent des boîtes de transport isolées qui sont parfaitement adaptées au transport de ces appareils. Si vous voyagez souvent avec la mijoteuse, vous aurez peut-être envie ce vous en procurer une.
- Pour bien fixer le couvercle, attachez des bandes élastiques autour des poignées et du couvercle.
- Pour que tout demeure chaud, servez les aliments en moins d'une heure ou branchez la mijoteuse et réglez-la à basse température ou à « Conservez au chaud ».

Que devrais-je apporter… ?

Voici des situations que l'on rencontre souvent et, dans ces moments-là, votre mijoteuse peut être très pratique. Je vous suggère ici des recettes adaptées à ces diverses situations, que vous soyez l'hôte ou que vous vouliez y apporter certains plats.

Les séries éliminatoires de football

Que serait une soirée des séries éliminatoires de football sans une grande casserole de piments qui mijotent ? Préparez-les tôt dans la journée pour qu'ils soient prêts à la mi-temps. Assurez-vous d'avoir des petits pains croûtés ou faites une bonne quantité de pains de maïs. Offrez aussi des trempettes et des hors-d'œuvre que les invités pourront grignoter pendant le match (certains d'entre eux peuvent être faits jusqu'à 1 semaine à l'avance). Et, bien sûr, n'oubliez pas d'avoir un bon choix de bière.

- Trempette de maïs chaude (voir p. 23)
- Trempette au fromage (voir p. 24)
- Saucisses à cocktail au bourbon (voir p. 25)
- Arachides grillées (voir p. 30)
- Lasagne facile à préparer (voir p. 101)
- Bœuf en cubes bien épicé (voir p. 108)
- Haricots et pois chiches cuits longtemps (voir p. 146)
- Chili aux légumes et garniture de crème sure (voir p. 150)
- Pain de maïs (voir p. 155)

Des plats pour réchauffer votre hiver

Après une journée d'activités extérieures, l'hiver, il n'y a rien qui réchauffe mieux les pieds et les mains gelés qu'un bon bol de soupe très chaude ou qu'un ragoût bien consistant. Préparez votre plat le matin et laissez-le cuire pendant que vous vous amusez. À votre retour, servez-le avec une salade verte et du pain croûté pour avoir un repas tout-en-un. Ajoutez un peu de piquant en préparant une délicieuse fondue, les enfants en raffoleront. Ou offrez-leur une boisson chaude ou un dessert chaud.

- Thé épicé aux framboises (voir p. 32)
- Soupe au chou et aux boulettes (voir p. 34)
- Ragoût de bœuf aux tomates, bien relevé (voir p. 94)
- Ragoût de porc au cidre (voir p. 112)
- Fondue à l'italienne (voir p. 137)
- Pudding de pain perdu aux abricots, sauce caramel (voir p. 172)
- Croustade aux deux petits fruits et à l'érable (voir p. 176)

Les as sont frimés

Tout le monde gagne quand parents et amis se rassemblent autour de jeux de société et de la bonne nourriture, que vous jouiez au billard, aux cartes, à des jeux de table ou que vous aimiez chantonner devant un appareil de karaoké. Servez des choses simples à un buffet où vous aurez disposé de succulents hors-d'œuvre que les invités pourront manger avec des cure-dents sur des serviettes de table.

- Trempette aux épinards et aux artichauts (voir p. 22)
- Trempette au fromage (voir p. 24)
- Saucisses à cocktail au bourbon (voir p. 25)
- Boulettes à la sauce chili aux raisins (voir p. 26)
- Ailes de poulet à la turque (voir p. 27)
- Arachides grillées (voir p. 30)
- Fondue à l'italienne (voir p. 137)

Les fêtes de l'été

L'été est toujours une période privilégiée pour reprendre contact avec les petits et les grands, que ce soit lors d'une réunion de famille, de la Fête des pères ou de la visite du chalet d'un ami. Le barbecue est évidemment très populaire mais, certains jours, il fait trop chaud pour travailler avec un appareil devant lequel on étouffe. Dans ces moments-là, la mijoteuse peut être la solution. C'est aussi la saison où les ingrédients frais provenant de la ferme sont parfaits pour un délicieux plat tout-en-un à la mijoteuse accompagné d'un dessert. Assurez-vous de servir des montagnes de Salade de chou crémeuse, vite faite (voir p. 57) et des pichets de limonade.

- Côtes de porc barbecue pour la mijoteuse (voir p. 119)
- Fajitas au porc (voir p. 126)
- Macaroni au fromage cuit lentement (voir p. 140)
- Les fèves au lard du cow-boy (voir p. 142)
- Tourte aux prunes (voir p. 181)
- Gâteau renversé à l'ananas (voir p. 184)

Les soirées de club de lecture

Servez-vous de votre mijoteuse lors de vos soirées mensuelles de club de lecture. De cette façon, vous pourrez prendre part aux discussions, plutôt que de rester dans la cuisine à préparer le repas.

- Trempette aux épinards et aux artichauts (voir p. 22)
- Gâteau au fromage aux tomates séchées (voir p. 28)
- Chocolat chaud au thé chai (voir p. 31)
- Thé épicé aux framboises (voir p. 32)
- Poulet et gremolata à l'orange (voir p. 66)
- Roulades de dinde aux épinards et au prosciutto (voir p. 76)
- Balluchons de poulet aux légumes, sauce aux champignons (voir p. 78)
- Saumon poché (voir p. 148)
- Betteraves au miel et au citron (voir p. 158)
- « Risotto » à l'orge et aux champignons (voir p. 164)
- Pilaf du Moyen-Orient (voir p. 165)
- Farce au riz sauvage, aux amandes et aux canneberges (voir p. 167)
- Bananes accompagnées d'arachides grillées (voir p. 171)
- Merveilleux gâteau au fromage pour la mijoteuse (voir p. 174)

Pour les enfants

Que vous deviez préparer un brunch de retour à l'école pour votre enfant et ses amis, que vous soyez en quête de la soirée parfaite pour un groupe d'ados ou que vous vouliez servir un repas du vendredi soir à votre famille, voici des recettes chouchous des enfants dont tout le monde va raffoler. Et ces plats vont des aliments faits à l'avance que l'on peut glisser dans la boîte à lunch aux plats que l'on peut garder au chaud pour la famille pressée.

- Trempette de maïs chaude (voir p. 23)
- Trempette au fromage (voir p. 24)
- Soupe aux fèves au lard, au maïs et à la saucisse (voir p. 37)
- Sandwich club au poulet (voir p. 59)
- Ragoût de poulet aux champignons et au beurre d'arachide (voir p. 64)
- Sauce à la viande (voir p. 84)

- Burritos au bœuf et aux haricots (voir p. 85)
- Lasagne facile à préparer (voir p. 101)
- Une montagne de tortillas (voir p. 102)
- Tacos au porc épicé à deux étages (voir p. 113)
- Wraps au porc et au gingembre (voir p. 114)
- Côtes de porc barbecue pour la mijoteuse (voir p. 119)
- Fajitas au porc (voir p. 126)
- Pain doré aux bananes et aux noix (voir p. 136)
- Fondue à l'italienne (voir p. 137)
- Macaroni au fromage cuit lentement (voir p. 140)
- Le granola du petit-déjeuner (voir p. 152)
- Porridge à l'érable et aux pacanes (voir p. 153)
- Pain de maïs (voir p. 155)
- Pommes de terre farcies aux légumes (voir p. 162)

Le repas-partage idéal

Les repas-partage et les repas paroissiaux donnent à chacun la chance de démontrer ses talents. Et de nombreuses recettes ont été échangées et se sont passées de génération en génération en de telles occasions. Le plat le plus populaire est, bien entendu, le traditionnel ragoût. Et la mijoteuse rend la chose facile à faire comme tout.

- Saucisses à cocktail au bourbon (voir p. 25)
- Boulettes à la sauce chili aux raisins (voir p. 26)
- Ailes de poulet à la turque (voir p. 27)
- Tamales mexicains à la polenta (voir p. 65)
- Pâtes au fromage et au pesto (voir p. 70)
- Chili blanc au poulet (voir p. 72)
- Ragoût de dinde aux champignons et à la crème (voir p. 80)
- Ragoût de bœuf sauerbraten pour la mijoteuse (voir p. 97)
- Paupiettes de bœuf (voir p. 98)
- Lasagne facile à préparer (voir p. 101)
- Fèves au lard au porc et au maïs bien épicées (voir p. 129)
- Fondue à l'italienne (voir p. 137)
- Tamales au maïs et aux piments verts (voir p. 138)
- Nouilles aux épinards et à la ricotta (voir p. 139)
- Les fèves au lard du cow-boy (voir p. 142)
- Pudding de pain perdu aux abricots, sauce caramel (voir p. 172)
- Tourte aux prunes (voir p. 181)
- Pain d'épice de grand-mère, garni de sauce au citron (voir p. 182)

Le temps des Fêtes

Les réceptions du temps des Fêtes signifient qu'il y aura la famille, beaucoup d'amis, du plaisir et de la nourriture. Bien sûr, la dinde et la farce sont des musts, mais l'espace dans le four se vend à prix fort. Alors, utilisez votre mijoteuse pour faire quelques hors-d'œuvre ou condiments une journée ou deux à l'avance. Faites la farce le matin et réchauffez-la pendant la journée ou faites mijoter une boisson chaude. Et conservez une Tourtière aux allures de pâté chinois (voir p. 128) pour le retour de la messe du 24 décembre. Ou utilisez votre mijoteuse pour servir une soupe, pour faire un dessert supplémentaire ou une entrée végétarienne. Ou bien utilisez-la comme plateau pour servir un assortiment de savoureux plats d'accompagnement.

Les hors-d'œuvre et les condiments
- Gâteau au fromage aux tomates séchées (voir p. 28)
- Olives au vin rouge (voir p. 29)
- Thé épicé aux framboises (voir p. 32)
- Compote de rhubarbe et de pommes (voir p. 168)

Les soupes
- Soupe à la poire et aux panais (voir p. 46)
- Soupe à la citrouille à l'asiatique (voir p. 47)
- Soupe de patate douce épicée (voir p. 48)

Les garnitures et les plats d'accompagnement
- Chou et framboises braisés (voir p. 156)
- Maïs en sauce (voir p. 157)
- Patates douces et panais à la normande (voir p. 159)
- Salade de pommes de terre chaude (voir p. 161)
- Haricots verts traditionnels (voir p. 163)
- Farce traditionnelle à la sauge et au pain (voir p. 166)
- Farce au riz sauvage, aux amandes et aux canneberges (voir p. 167)

Les desserts
- Croustade aux poires (voir p. 170)
- Merveilleux gâteau au fromage pour la mijoteuse (voir p. 174)
- Pudding de pain perdu aux deux chocolats et au caramel (voir p. 178)
- Poires accompagnées de sauce au sirop d'érable (voir p. 179)
- Flan à la citrouille (voir p. 186)

Pour commencer en beauté

Trempette aux épinards et aux artichauts

Donne environ 660 g (3 tasses)

Grandeur de la mijoteuse : 3,5 à 6 litres (14 à 24 tasses)

Voici l'un de mes hors-d'œuvre préférés quand nous passons des soirées avec des amis. Cette trempette a le même goût que celle que l'on sert dans les relais routiers.

Servez-la avec des triangles de pain pita chauds, des chips tortillas, des pains bâtons, des bretzels ou des tranches de baguette bien croustillante.

Selon la marque d'artichaut en conserve que vous utilisez, la trempette peut être plus ou moins vinaigrée. Choisissez votre marque préférée. Vous pouvez aussi utiliser des artichauts marinés.

Trempette aux poivrons rouges et aux artichauts
Remplacez le parmesan par du fromage asiago. Ne mettez pas d'épinards ni de cheddar. Ajoutez 2 poivrons rouges grillés, hachés (voir p. 163) avec les artichauts.

2 gousses d'ail émincées
2 paquets de fromage à la crème de 250 g (8 oz) ramolli
55 g (¼ tasse) de mayonnaise
40 g (⅓ tasse) de parmesan râpé
1 paquet de 300 g (10 oz) d'épinards surgelés, hachés, décongelés et bien asséchés
398 ml (14 oz) de cœurs d'artichaut en conserve, rincés, égouttés et grossièrement hachés
90 g (⅔ tasse) de cheddar râpé

- Dans un robot culinaire ou dans un bol, mettre l'ail, le fromage à la crème, la mayonnaise et le parmesan. Mélanger jusqu'à ce que ce soit lisse et crémeux.
- Ajouter les épinards et les artichauts et mélanger encore. Verser le mélange dans la cocotte d'une mijoteuse.
- Couvrir et cuire à basse température de 2 à 3 h ou à température élevée de 1 h 30 à 2 h ou jusqu'à ce que ce soit bien cuit.
- Parsemer de cheddar, couvrir et cuire à température élevée de 15 à 20 min ou jusqu'à ce que le fromage fonde.

Trempette de maïs chaude

Donne environ 1,5 litre (6 tasses)

Grandeur de la mijoteuse : 3,5 à 4 litres (14 à 16 tasses)

Le piment jalapeño ajoute une touche épicée à cette recette inspirée du Sud-Est des États-Unis.

Les supermarchés offrent maintenant toute une variété de fromage râpé. Si le cœur vous en dit, vous pouvez remplacer le cheddar par un mélange de fromages mexicains ou par du Monterey Jack au piment.

Savourez cette trempette avec des chips tortillas et de la bière mexicaine.

1 c. à soupe de beurre
770 g (3 ½ tasses) de maïs en grains frais ou surgelé, décongelé
1 oignon finement haché
½ c. à café (½ c. à thé) de sel
¼ c. à café (¼ c. à thé) de poivre noir
2 gousses d'ail émincées
1 oignon vert finement haché
1 piment jalapeño, épépiné et finement haché
½ poivron rouge, épépiné et finement haché
220 g (1 tasse) de mayonnaise
200 g (1 ½ tasse) de cheddar râpé

- Dans une grande poêle antiadhésive, faire fondre le beurre à feu moyen-élevé. Ajouter le maïs, l'oignon, le sel et le poivre. Cuire environ 5 min, en brassant de temps en temps, jusqu'à ce que les grains de maïs soient d'un beau brun doré. Mettre le tout dans un bol.
- Ajouter au mélange précédent l'ail, l'oignon vert, le piment jalapeño, le poivron rouge, la mayonnaise et le fromage. Bien mélanger. Verser dans la cocotte légèrement graissée d'une mijoteuse.
- Couvrir et cuire à basse température de 3 à 4 h ou à température élevée de 1 à 2 h ou jusqu'à ce que la préparation fasse des bulles. Servir chaud.

Comment manipuler les piments

Quand vous hachez et que vous épépinez des piments jalapeños ou d'autres types de piments forts, assurez-vous de garder les mains loin de vos yeux. Encore mieux, portez des gants en caoutchouc ou en latex et, après avoir manipulé les piments, lavez vos mains, la planche à découper et les ustensiles que vous avez utilisés dans une eau chaude et savonneuse.

Trempette au fromage

Donne environ 1 litre (4 tasses)

Grandeur de la mijoteuse : 3,5 à 6 litres (14 à 24 tasses)

Pendant les séries éliminatoires de football, cette trempette aura un grand succès. Servez-la avec une bonne quantité de chips tortillas.

Beaucoup de Nord-Américains préfèrent le cheddar, mais le secret de cette trempette bien crémeuse, c'est le fromage fondu en pain qui ne caillera pas quand vous le chaufferez. Vous méritez bien une petite gâterie!

125 ml (½ tasse) de bière
1 c. à café (1 c. à thé) de cumin moulu
½ c. à café (½ c. à thé) d'origan séché
½ c. à café (½ c. à thé) d'ail en poudre
398 ml (14 oz) de haricots sautés en conserve
125 ml (½ tasse) de salsa
450 g (1 lb) de fromage fondu en pain coupé en cubes de 1 cm (½ po)
35 g (¼ tasse) de coriandre fraîche, hachée

- Dans une petite casserole, mettre la bière, le cumin, l'origan et l'ail en poudre. Porter à ébullition, réduire le feu et laisser mijoter 2 min.
- Dans un bol, mettre les haricots, la salsa, le fromage en cubes et le mélange de bière. Verser le tout dans la cocotte légèrement graissée d'une mijoteuse.
- Couvrir et cuire à basse température de 3 à 4 h ou à température élevée de 1 à 2 h ou jusqu'à ce que la préparation fasse des bulles et que le fromage soit fondu. Parsemer de coriandre.

Saucisses à cocktail au bourbon

Grandeur de la mijoteuse : 3,5 litres (14 tasses)

Sans saucisses à cocktail, certains croient qu'une réception ne ressemble pas tout à fait à une réception. Servez ces hors-d'œuvre à vos invités avec des serviettes de table ou de petites assiettes pour recueillir toutes les gouttes de jus de cuisson et présentez-les directement dans la mijoteuse.

Note :
Vous pouvez doubler les quantités de cette recette et la préparer dans une grande mijoteuse.

300 g (1 ¼ tasse) de ketchup
110 g (½ tasse) de cassonade bien tassée
1 petit oignon finement haché
2 c. à café (2 c. à thé) de moutarde
60 ml (¼ tasse) de bourbon ou de jus d'orange
450 g (1 lb) de saucisses à cocktail séparées les unes des autres, si elles étaient attachées

- Dans un bol, mélanger le ketchup, la cassonade, l'oignon, la moutarde et le bourbon ou le jus d'orange.
- Mettre les saucisses dans la cocotte d'une mijoteuse, puis verser la sauce par-dessus.
- Couvrir et cuire à basse température de 3 à 4 h ou jusqu'à ce que la sauce soit très chaude et que les saucisses soient bien cuites.

Boulettes à la sauce chili aux raisins

10 à 12 portions en hors-d'œuvre (env. 30 boulettes)

Grandeur de la mijoteuse : 3,5 litres (14 tasses)

Les invités ne se lassent jamais de ce classique pour la mijoteuse et sa sauce piquante aigre-douce.

Si vous manquez de temps, vous pouvez faire les boulettes à l'avance ou acheter des boulettes surgelées déjà cuites. Faites-les décongeler environ 30 min à température de la pièce avant de les ajouter à la mijoteuse.

Pour faire les boulettes à l'avance
Vous pouvez faire les boulettes à l'avance et les faire congeler. Faites cuire les boulettes, laissez-les refroidir, puis congelez-les. Au congélateur, les boulettes peuvent se conserver jusqu'à 1 mois. Avant de mettre les boulettes dans la mijoteuse, faites-les décongeler environ 30 min à température de la pièce.

450 g (1 lb) de porc, de dinde ou de poulet haché, maigre
1 œuf légèrement battu
60 g (½ tasse) de chapelure
3 c. à soupe de persil frais finement haché
2 oignons verts finement hachés
1 c. à café (1 c. à thé) de sauce soya
½ c. à café (½ c. à thé) de sel
¼ c. à café (¼ c. à thé) de poivre noir

LA SAUCE CHILI AUX RAISINS
250 g (1 tasse) de sauce chili
285 g (1 tasse) de gelée de raisins
1 c. à café (1 c. à thé) de jus de citron
2 c. à soupe de cassonade bien tassée
1 c. à soupe de sauce soya

- Préchauffer le four à 200 °C (400 °F).
- Pour faire les boulettes : dans un grand bol, mélanger la viande hachée, l'œuf, la chapelure, le persil, les oignons verts, la sauce soya, le sel et le poivre. Bien mélanger, puis former des boulettes de 2,5 cm (1 po).
- Disposer les boulettes sur une tôle à biscuits en une seule rangée et cuire au four de 10 à 12 min ou jusqu'à ce que la viande ne soit plus rosée.
- Pour faire la sauce : mélanger tous les ingrédients de la sauce dans la cocotte d'une mijoteuse. Ajouter les boulettes.
- Couvrir et cuire à température élevée de 3 à 4 h ou jusqu'à ce que la préparation fasse des bulles et que les boulettes soient très chaudes.

Comment faire griller les graines de sésame
Pour faire griller les graines de sésame, préchauffez le four à 180 °C (350 °F). Répandez les graines de sésame sur une tôle à biscuits, puis mettez-les au four environ 4 min ou jusqu'à ce qu'elles soient dorées. Ou encore, mettez les graines de sésame dans une poêle sans matière grasse, à feu moyen-élevé, et faites-les cuire, en brassant, de 4 à 6 min ou jusqu'à ce qu'elles soient dorées.

Ailes de poulet à la turque

Grandeur de la mijoteuse : 3,5 à 6 litres (14 à 24 tasses)

Ces ailes de poulet, inspirées de la cuisine du Moyen-Orient, sont recouvertes d'un mélange de chutney et d'épices. Et elles sont bonnes à s'en lécher les doigts. Vous pouvez les servir en plat principal avec du riz vapeur (voir p. 73) et des haricots verts.

Essayez de vous procurer de très grandes ailes de poulet qui ont déjà été séparées à l'articulation. Ce sont les ailes idéales pour ce hors-d'œuvre, car elles sont extrêmement charnues. Si vous pouvez faire griller les ailes avant de les mettre dans la mijoteuse, cela éliminera une partie de l'excès de gras de la peau.

900 g (2 lb) d'ailes de poulet, les bouts enlevés et séparées en 2

La SAUCE
90 g (⅓ tasse) de chutney de mangue
1 c. à soupe de miel liquide
1 c. à soupe de jus de citron vert
2 c. à café (2 c. à thé) de moutarde de Dijon
1 ½ c. à café (1 ½ c. à thé) de gingembre râpé
¼ c. à café (¼ c. à thé) de poudre cinq-épices

La GARNITURE (FACULTATIF)
1 c. à soupe de persil frais, haché
1 c. à soupe de graines de sésame grillées (voir p. 26)
2 c. à café (2 c. à thé) de zeste d'orange râpé

- Préchauffer le four à *broil*.
- Hacher tous les gros morceaux du chutney. Dans un petit bol, mélanger tous les ingrédients de la sauce. Réserver.
- Disposer les ailes de poulet sur une tôle à biscuits en une seule rangée. Mettre les ailes sous le gril, à 15 cm (6 po) de la source de chaleur, de 15 à 20 min ou jusqu'à ce qu'elles soient dorées. Retourner les ailes une fois pendant la cuisson.
- Jeter les jus de cuisson, puis déposer les ailes dans la cocotte d'une mijoteuse. Verser la sauce sur les ailes.
- Couvrir et cuire à basse température de 3 à 4 h ou jusqu'à ce que les ailes soient glacées et qu'elles ne soient plus rosées à l'intérieur. Retourner les ailes deux fois pendant la cuisson.
- Préparer la garniture, si désiré. Dans un petit bol, en mélanger tous les ingrédients. Avant de servir, parsemer les ailes de la garniture.

La poudre cinq-épices
La poudre cinq-épices est un assaisonnement fréquemment utilisé dans la cuisine asiatique. Vous pouvez la trouver dans toutes les épiceries asiatiques ou dans les boutiques où l'on vend des épices. Vous pouvez aussi préparer votre propre poudre en mélangeant, à parts égales, de la cannelle moulue, des clous de girofle, des graines de fenouil, de l'anis étoilé et des grains de poivre de Sichuan.

Gâteau au fromage aux tomates séchées

Grandeur de la mijoteuse : 5 à 7 litres (20 à 28 tasses)

Il est maintenant plus facile de recevoir. De plus, ce savoureux gâteau au fromage peut être fait la veille de votre réception. Vous aurez besoin d'une grande mijoteuse ronde ou ovale. Assurez-vous que le moule à charnière entre dans l'appareil. (Pour des conseils sur l'utilisation d'un moule à charnière dans une mijoteuse, voir p. 12)

Les gâteaux au fromage cuisent très bien dans une mijoteuse. La cuisson à chaleur humide assure une surface lisse et soyeux.

Vous pouvez aussi parsemer le gâteau cuit de pignons grillés, hachés (voir p. 164).

L'ABAISSE
Env. 90 g (¾ tasse) de biscuits au beurre émiettés
3 c. à soupe de beurre fondu

LA GARNITURE
2 paquets de 250 g (8 oz) de fromage à la crème ramolli
1 c. à soupe d'huile de tomates séchées ou d'huile d'olive
2 œufs légèrement battus
60 ml (¼ tasse) de crème à fouetter 35 %
90 g (¾ tasse) de fromage havarti râpé
15 g (¼ tasse) de tomates séchées dans l'huile, en tranches, bien égouttées
4 oignons verts, hachés
½ c. à café (½ c. à thé) de romarin séché

- Pour faire l'abaisse : dans un bol, mélanger les biscuits et le beurre. Presser le mélange au fond d'un moule à charnière de 17 ou 20 cm (7 ou 8 po) bien graissé (ou d'un autre moule qui entrera dans la mijoteuse). Mettre au congélateur jusqu'au moment de l'utilisation.
- Pour faire la garniture : à l'aide d'un batteur électrique, battre le fromage à la crème et l'huile dans un grand bol jusqu'à consistance homogène. Ajouter les œufs, un à la fois, jusqu'à ce qu'ils soient bien mélangés. Incorporer la crème.
- Incorporer délicatement le fromage, les tomates séchées, les oignons verts et le romarin.
- Sortir l'abaisse du congélateur, puis y verser la garniture. Bien envelopper tout le moule de papier d'aluminium et fixer le papier à l'aide d'une bande élastique ou d'une ficelle.
- Déposer le moule dans la cocotte d'une mijoteuse couverte de mousseline à fromage ou de lisières de papier d'aluminium (voir p. 13). Y verser suffisamment d'eau bouillante pour qu'il y ait 2,5 cm (1 po) au fond du moule. (Si le moule s'encastre parfaitement dans la mijoteuse, ajouter l'eau avant d'y mettre le moule.)
- Couvrir et cuire à température élevée de 3 à 4 h ou jusqu'à ce que les bords soient cuits et que le centre du gâteau ne soit pas tout à fait ferme. Retirer le moule de la mijoteuse et placer au réfrigérateur pendant 2 h ou même toute la nuit.

Olives au vin rouge

6 portions en hors-d'œuvre

Grandeur de la mijoteuse : 1 à 3,5 litres (4 à 14 tasses)

Dans ce hors-d'œuvre chaud, les olives noires absorbent les saveurs du vin rouge et du fenouil. Assurez-vous de mettre à la disposition de vos invités des cure-dents et des petits plats pour les noyaux.

Pour faire cette recette, il est préférable d'utiliser une petite mijoteuse. Un appareil de 1 litre (4 tasses) constitue ici le format idéal, et cela permet de garder les olives à la bonne température.

Achetez des olives Calamata si vous pouvez en trouver. Ces olives mûres aromatisées qui proviennent de la Grèce sont marinées dans le vinaigre de vin ou dans l'huile d'olive. Assurez-vous d'acheter celles qui sont en saumure.

150 g (1 tasse) d'olives noires en saumure non dénoyautées
125 ml (½ tasse) de vin rouge sec
¼ c. à café (¼ c. à thé) de graines de fenouil grossièrement broyées
1 gousse d'ail pelée et émincée
2 c. à café (2 c. à thé) d'huile d'olive

- Mettre tous les ingrédients dans la cocotte d'une mijoteuse.
- Couvrir et cuire à basse température de 3 à 4 h ou jusqu'à ce que les olives soient bien chaudes. Servir chaud.

Arachides grillées

Grandeur de la mijoteuse : 3,5 à 6 litres (14 à 24 tasses)

Qui aurait pu croire que les grignotines vendues quand on assiste à ses matchs sportifs préférés peuvent être faites dans une mijoteuse? Vous ne pouvez imaginer tout le succès que vous aurez en les servant. Et le nettoyage se fait beaucoup plus facilement que si vous les faites cuire au four. Bien sûr, une bonne bière pour les accompagner est un must!

Gardez toujours ces délicieuses arachides à portée de la main pour vos petites réceptions. Elles se conservent à température de la pièce jusqu'à 1 mois dans un contenant hermétique. Présentées dans un joli contenant orné d'un ruban, c'est aussi le cadeau parfait que l'on peut offrir à la personne qui nous reçoit.

210 g (1 tasse) de sucre cristallisé
60 ml (¼ tasse) d'eau
310 g (2 tasses) d'arachides non salées, de préférence

- Dans un petit bol, mélanger le sucre et l'eau.
- Mettre les arachides dans la cocotte d'une mijoteuse. Verser le mélange de sucre sur les arachides et brasser pour bien les enrober.
- Couvrir et cuire à température élevée, en brassant souvent, de 2 à 3 h ou jusqu'à ce que le mélange de sucre soit bien doré et que les arachides soient grillées. Verser les arachides sur une tôle à biscuits et laisser refroidir.

Chocolat chaud au thé chai

10 à 12 portions

Grandeur de la mijoteuse : 3,5 à 6 litres (14 à 24 tasses)

Le thé chai est un thé indien épicé qui se boit chaud ou froid. Dans cette recette, on le mélange avec du cacao pour obtenir un chocolat chaud épicé très crémeux – et c'est un grand réconfort après avoir pratiqué son sport favori, par une belle journée d'hiver. Versez le thé dans de grandes tasses et servez-le garni de bâtons de cannelle.

Pour ajouter un petit goût d'orange, laissez flotter un long zeste d'orange dans le mélange de thé quand il est dans la mijoteuse.

Retirez le zeste avant de servir pour ne pas qu'il donne un arrière-goût au thé.

Pour obtenir une saveur plus authentique, laissez infuser le thé avec des feuilles de thé noir comme le Darjeeling. Filtrez-le avant de le mettre dans la mijoteuse.

125 g (1 ¼ tasse) de lait écrémé en poudre
75 g (¾ tasse) de colorant à café en poudre
160 g (¾ tasse) de sucre cristallisé
45 g (½ tasse) de cacao en poudre non sucré
2 c. à café (2 c. à thé) de cannelle moulue
1 c. à café (1 c. à thé) de muscade moulue
3 litres (12 tasses) de thé noir infusé

- Dans un bol, mélanger tous les ingrédients, sauf le thé.
- Mettre ce mélange dans la cocotte d'une mijoteuse. Incorporer lentement le thé jusqu'à ce que le mélange soit homogène et qu'il ne reste plus de grumeaux.
- Couvrir et cuire à basse température de 4 à 5 h ou jusqu'à ce que ce soit très chaud. Bien brasser avant de servir.

Thé épicé aux framboises

6 portions

Grandeur de la mijoteuse : 3,5 à 6 litres (14 à 24 tasses)

Cette boisson tout à fait délicieuse brille de tous ses feux.

Servez-la lors de vos réunions hivernales.

Note :
Vous pouvez doubler la recette et la cuire dans une grande mijoteuse. Mettez tous les ingrédients en double, sauf les framboises.

3 baies de piment de la Jamaïque
1 bâton de cannelle
1 c. à café (1 c. à thé) de clous de girofle
500 ml (2 tasses) de thé noir infusé
500 ml (2 tasses) de cocktail de canneberges et de framboises
250 ml (1 tasse) de limonade concentrée, surgelée
125 ml (½ tasse) d'eau
1 paquet de 400 g (13 ½ oz) de framboises surgelées, dans le sirop, décongelées

- Mettre le piment de la Jamaïque, la cannelle et les clous de girofle dans deux épaisseurs de mousseline à fromage, bien envelopper les épices, puis attacher avec de la ficelle de cuisine pour former un petit sac.
- Verser le thé, le cocktail de canneberges et de framboises, la limonade et l'eau dans la cocotte d'une mijoteuse. Ajouter les framboises et le sachet d'épices.
- Couvrir et cuire à basse température de 2 à 5 h ou jusqu'à ce que ce soit très chaud et qu'une bonne odeur s'en dégage. Avant de servir, retirer le sachet d'épices.

Les soupes

Soupe au chou et aux boulettes

6 à 8 portions

Grandeur de la mijoteuse : 5 à 6 litres (20 à 24 tasses)

Cette soupe est assez consistante pour faire un repas en elle-même – elle est parfaite pour faire oublier les froids de l'hiver. Vous pouvez garnir chaque portion d'une cuillerée de crème sure.

Utilisez un petit chou ou, pour épargner du temps, achetez un paquet de chou déjà coupé.

Il n'est pas nécessaire de précuire le riz pour faire cette recette. Pendant que les boulettes mijotent dans le bouillon, le liquide cuit le riz et les boulettes deviennent tendres et savoureuses.

Préparez plus de boulettes pour en avoir à portée de la main la prochaine fois que vous voudrez servir cette soupe. Elles se congèlent facilement et se conservent jusqu'à 1 mois au congélateur.

225 g (½ lb) de bœuf haché, maigre
225 g (½ lb) de porc haché, maigre
1 œuf légèrement battu
140 g (¾ tasse) de riz blanc étuvé à grains longs, non cuit
1 petit oignon finement haché
2 gousses d'ail émincées
½ c. à café (½ c. à thé) de sel
¼ c. à café (¼ c. à thé) de poivre noir
750 ml (3 tasses) de bouillon de poulet
796 ml (28 oz) de tomates concassées en conserve, avec le jus
284 ml (10 oz) de soupe aux tomates condensée en conserve, non diluée
480 g (4 tasses) de chou émincé
15 g (¼ tasse) de persil frais, haché

- Préchauffer le four à 180 °C (350 °F).
- Dans un bol, mettre le bœuf haché, le porc haché, l'œuf, le riz, l'oignon, l'ail, le sel et le poivre. Façonner le tout en boulettes de 2,5 cm (1 po).
- Disposer les boulettes sur une tôle à biscuits et les cuire au four pendant 20 min ou jusqu'à ce qu'elles soient bien dorées et qu'elles ne soient plus rosées à l'intérieur.
- Mettre le bouillon, les tomates, la soupe aux tomates et le chou dans la cocotte d'une mijoteuse. Ajouter les boulettes et remuer délicatement pour mélanger.
- Couvrir et cuire à basse température de 8 à 10 h ou à température élevée de 4 à 6 h ou jusqu'à ce que ce soit très chaud et que ça fasse des bulles. Incorporer le persil.

Chowder au saumon et au fromage

4 à 6 portions

Grandeur de la mijoteuse : 3,5 à 6 litres (14 à 24 tasses)

Les membres de ma famille sont de gros mangeurs de poisson. Et le saumon est leur poisson favori. Ce chowder consistant est l'un de ceux qu'ils redemandent encore et encore. Vous pouvez le faire avec du saumon frais, du saumon en conserve ou avec du saumon fumé. Si vous utilisez du saumon en conserve, assurez-vous d'enlever d'abord la peau foncée qui le recouvre et les grosses arêtes.

Note :

Vous pouvez remplacer le lait concentré par 375 ml (1 ½ tasse) de crème, si vous le désirez.

1 gros oignon haché
3 pommes de terre pelées et coupées en cubes de 1 cm (½ po)
1 grosse carotte pelée et finement hachée
1 branche de céleri finement hachée
1 gousse d'ail émincée
45 g (¼ tasse) de riz blanc étuvé à grains longs, non cuit
750 ml (3 tasses) de bouillon de poulet ou de légumes
¾ c. à café (¾ c. à thé) de sel
½ c. à café (½ c. à thé) de thym séché
¼ c. à café (¼ c. à thé) de poivre noir
235 g (1 tasse) de saumon cuit, émietté
385 ml (13 oz) de lait concentré en conserve
135 g (1 tasse) de cheddar râpé

- Dans la cocotte d'une mijoteuse, mettre l'oignon, les pommes de terre, la carotte, le céleri, l'ail, le riz, le bouillon, le sel, le thym et le poivre. Couvrir et cuire à basse température de 8 à 10 h ou jusqu'à ce que les légumes et le riz soient tendres.
- Incorporer le saumon, le lait et le fromage. Couvrir et cuire à température élevée pendant 15 min ou jusqu'à ce que le saumon soit très chaud.

Soupe aux haricots et à la saucisse fumée

4 à 6 portions

Grandeur de la mijoteuse : 3,5 à 6 litres (14 à 24 tasses)

Pour donner plus de corps à certaines soupes, on peut les mettre en purée. Servez cette soupe avec de la Salade de chou crémeuse, vite faite (voir p. 57), à laquelle vous ajoutez des pommes hachées et des raisins secs, ainsi qu'avec des tranches de pain de seigle noir chaudes.

Les carottes miniatures déjà pelées – ce qui élimine une étape du travail – constituent un bon choix dans les soupes.

Ajoutez les saucisses de dinde fumée à la fin, car il faut seulement les réchauffer. Comme elles sont déjà cuites, la peau durcirait si les saucisses passaient trop de temps dans la soupe. S'il vous est impossible de trouver des saucisses de dinde, n'importe quel type de saucisses de porc fumées fera l'affaire.

115 g (1 tasse) de carottes miniatures
1 oignon haché
2 gousses d'ail émincées
1 litre (4 tasses) de bouillon de poulet
1 c. à café (1 c. à thé) d'assaisonnement à l'italienne
2 boîtes de 540 ml (19 oz) de haricots Great Northern ou de haricots blancs, rincés et égouttés, ou 900 g (4 tasses) de haricots blancs cuits à la maison (voir p. 145)
4 saucisses kielbassa de dinde fumée coupées en 2 dans le sens de la longueur, puis coupées en morceaux de 1 cm (½ po)
120 g (2 tasses) de jeunes pousses d'épinard frais

- Mettre les carottes, l'oignon, l'ail, le bouillon, l'assaisonnement à l'italienne et les haricots dans la cocotte d'une mijoteuse.
- Couvrir et cuire à basse température de 6 à 10 h ou à température élevée de 3 à 4 h ou jusqu'à ce que les légumes soient tendres et que la soupe fasse des bulles.
- Verser 500 ml (2 tasses) de soupe dans un mélangeur ou un robot culinaire et mélanger jusqu'à l'obtention d'une consistance onctueuse. Remettre ce mélange dans la mijoteuse, puis ajouter les saucisses et les épinards. Couvrir et cuire à température élevée de 15 à 20 min ou jusqu'à ce que les épinards soient tendres et que les saucisses soient chaudes.

L'assaisonnement à l'italienne
Si vous n'avez pas de mélange déjà préparé, faites un mélange de basilic, de marjolaine, de thym et d'origan. Utilisez ½ c. à café (½ c. à thé) de basilic séché, ¼ c. à café (¼ c. à thé) de marjolaine séchée, ¼ c. à café (¼ c. à thé) de thym séché et ¼ c. à café (¼ c. à thé) d'origan séché pour remplacer 1 c. à soupe d'assaisonnement à l'italienne.

Soupe aux fèves au lard, au maïs et à la saucisse

4 à 6 portions

Grandeur de la mijoteuse : 3,5 à 6 litres (14 à 24 tasses)

Vous voulez faire manger des légumes aux enfants ? Essayez ce truc infaillible. Saupoudrez la soupe d'un peu de mozzarella râpée. Les enfants adorent la façon dont le fromage s'effiloche quand ils y plongent leur cuillère.

Pour faire cette recette, j'aime bien acheter des saucisses de veau, plutôt que des saucisses à hot-dogs.

Si les membres de votre famille ne sont pas de grands amateurs de jus de légumes, remplacez-le par du jus de tomate.

Le fait d'utiliser des fèves au lard dans la sauce tomate à laquelle on a ajouté du sirop d'érable ajoute un petit goût sucré. Mais vous pouvez aussi utiliser n'importe quelles fèves au lard en conserve (les fèves au lard dans la sauce barbecue ajouteraient une petite touche épicée).

1 litre (4 tasses) de jus de légumes
2 boîtes de 398 ml (14 oz) de fèves au lard dans la sauce tomate avec du sirop d'érable, en conserve
3 carottes pelées et finement hachées
1 petit oignon finement haché
1 gousse d'ail émincée
110 g (½ tasse) de maïs en grains frais ou surgelé, décongelé
1 c. à café (1 c. à thé) de sauce Worcestershire
½ c. à café (½ c. à thé) de moutarde sèche
1 feuille de laurier
4 à 6 saucisses ou saucisses à hot-dogs, coupées en morceaux de 1 cm (½ po)
Sel et poivre noir au goût

- Mettre tous les ingrédients dans la cocotte d'une mijoteuse, sauf les saucisses, le sel et le poivre.
- Couvrir et cuire à basse température de 6 à 10 h ou à température élevée de 3 à 4 h ou jusqu'à ce que les carottes soient tendres.
- Ajouter les saucisses et cuire à température élevée de 20 à 30 min ou jusqu'à ce qu'elles soient chaudes. Retirer la feuille de laurier, puis saler et poivrer.

Soupe à l'oignon

6 portions

Grandeur de la mijoteuse : 3,5 à 6 litres (14 à 24 tasses)

Dans la plupart des restaurants, la soupe à l'oignon est servie garnie de pain croûté grillé, puis parsemée de fromage et passée sous le gril pour que le fromage fonde. Dans cette recette, faites d'abord griller le fromage sur le pain, puis placez le pain au fond des bols de service.

En plus des oignons doux, la clé du succès d'une bonne soupe à l'oignon est le bouillon (voir p. 43). Utilisez le meilleur bouillon possible.

60 g (¼ tasse) de beurre
4 gros oignons doux, en tranches
2 gousses d'ail émincées
2 c. à soupe de farine tout usage
1,5 litre (6 tasses) de bouillon de bœuf
60 ml (¼ tasse) de xérès sec ou de vin rouge sec
1 c. à soupe de sauce Worcestershire
1 c. à café (1 c. à thé) de sucre cristallisé
½ c. à café (½ c. à thé) de sel
¼ c. à café (¼ c. à thé) de thym séché
1 feuille de laurier
½ c. à café (½ c. à thé) de poivre noir

LES CROÛTONS
6 tranches de pain croûté de 1 cm (½ po) d'épaisseur
120 g (1 tasse) de fromage suisse, râpé

- Préchauffer le four à *broil*.
- Mettre le beurre, les oignons et l'ail dans la cocotte d'une mijoteuse. Couvrir et cuire à température élevée de 40 à 60 min ou jusqu'à ce que les oignons commencent à dorer légèrement sur les bords de la cocotte.
- Saupoudrer les oignons de farine et mélanger. Ajouter le bouillon, le xérès ou le vin rouge, la sauce Worcestershire, le sucre, le sel, le thym, la feuille de laurier et le poivre.
- Couvrir et cuire à basse température de 6 à 8 h ou à température élevée de 3 à 4 h ou jusqu'à ce que les oignons soient tendres et que la soupe fasse des bulles. Retirer la feuille de laurier.
- Pour faire les croûtons, déposer les tranches de pain sur une tôle à biscuits, puis la placer à environ 15 cm (6 po) de la source de chaleur et cuire environ 2 min ou jusqu'à ce que le pain soit bien doré. Retourner les tranches de pain, les parsemer de fromage et cuire encore sous le gril environ 1 min jusqu'à ce que le fromage fasse des bulles.
- Déposer les croûtons au fond des bols de service, puis verser la soupe par-dessus.

Soupe à la saucisse italienne et aux tortellinis

4 à 6 portions

Grandeur de la mijoteuse : 3,5 à 6 litres (14 à 24 tasses)

Après avoir regardé un match de football ou de l'un de vos sports préférés, vous apprécierez le bon goût de cette soupe avec des chips et une trempette.

La saucisse italienne, qui est très épicée, ajoute un goût bien particulier. Pour une saveur moins relevée, utilisez une variété plus douce.

450 g (1 lb) de saucisses italiennes douces ou fortes, les boyaux enlevés
1 gros oignon haché
2 carottes pelées et hachées
1 litre (4 tasses) de bouillon de bœuf ou de poulet
½ c. à café (½ c. à thé) d'assaisonnement à l'italienne (voir p. 36)
½ c. à café (½ c. à thé) de sel
¼ c. à café (¼ c. à thé) de poivre noir
213 ml (7 ½ oz) de sauce tomate en conserve
540 ml (19 oz) de tomates concassées en conserve, avec le jus
170 g (2 tasses) de champignons, en tranches
1 paquet de 300 g (10 oz) de tortellinis farcis au fromage, frais ou surgelés
1 courgette coupée en 4 dans le sens de la longueur, puis tranchée
15 g (¼ tasse) de persil frais, haché
2 c. à soupe de parmesan râpé

- Dans une grande poêle antiadhésive, à feu moyen-élevé, cuire la chair à saucisse de 8 à 10 min ou jusqu'à ce qu'elle soit grillée, en brassant pour briser les morceaux de viande. À l'aide d'une écumoire, transférer la chair à saucisse dans la cocotte d'une mijoteuse.
- Mettre l'oignon, les carottes, le bouillon, l'assaisonnement à l'italienne, le sel, le poivre, la sauce tomate, les tomates et les champignons dans la mijoteuse.
- Couvrir et cuire à basse température de 6 à 10 h ou à température élevée de 3 à 4 h ou jusqu'à ce que les légumes soient tendres.
- Entre-temps, cuire les tortellinis selon le mode d'emploi indiqué sur l'emballage, puis les égoutter.
- Ajouter la courgette, le persil et les tortellinis au contenu de la mijoteuse. Cuire à température élevée de 15 à 20 min ou jusqu'à ce que les pâtes soient cuites et que la courgette soit tendre.
- Verser dans des bols individuels, puis garnir de parmesan râpé.

Soupe Mulligatawny

Grandeur de la mijoteuse : 3,5 à 6 litres (14 à 24 tasses)

Cette célèbre soupe a été créée au 18e siècle par des cuisiniers qui la servaient dans les maisons anglaises pendant la colonisation de l'Inde.

1 c. à soupe de farine tout usage

450 g (1 lb) de cuisses de poulet désossées, sans la peau, coupées en morceaux de 2,5 cm (1 po)

1 c. à soupe d'huile végétale

1 c. à soupe de cari en poudre

1 c. à café (1 c. à thé) de gingembre moulu

½ c. à café (½ c. à thé) de piment rouge séché, en flocons

¼ c. à café (¼ c. à thé) de clous de girofle

1 litre (4 tasses) de bouillon de poulet, au total

2 carottes pelées et finement hachées

1 oignon finement haché

2 branches de céleri finement hachées

2 gousses d'ail émincées

55 g (½ tasse) de navet en dés

1 pomme Granny Smith non pelée et hachée

540 ml (19 oz) de pois chiches en conserve, rincés et égouttés, ou 235 g (2 tasses) de pois chiches cuits à la maison (voir p. 147)

1 c. à soupe de zeste de citron râpé

Le jus de 1 citron

1 c. à soupe de coriandre fraîche, hachée

- Mettre la farine dans un grand sac de plastique résistant. Mettre quelques morceaux de poulet à la fois dans le sac et remuer le sac pour bien couvrir les morceaux de farine. Répéter l'opération pour tous les autres morceaux de poulet.
- Dans une grande poêle antiadhésive, à feu moyen-élevé, chauffer l'huile. Ajouter le poulet, le cari, le gingembre, le piment en flocons et les clous de girofle. Cuire de 5 à 7 min, en brassant de temps en temps, ou jusqu'à ce que le poulet soit bien doré de tous les côtés. À l'aide d'une écumoire, mettre le poulet dans la cocotte d'une mijoteuse.
- Ajouter 250 ml (1 tasse) de bouillon dans la poêle. Porter à ébullition en raclant le fond de la poêle pour enlever tous les petits morceaux qui y ont adhéré. Vider le mélange de bouillon dans la mijoteuse.
- Ajouter les carottes, l'oignon, le céleri, l'ail, le navet, la pomme, les pois chiches et le reste du bouillon dans la mijoteuse. Bien mélanger.

Boulettes à la sauce chili aux raisins (p. 26)

Ailes de poulet à la turque (p. 27)

Soupe à la saucisse italienne et aux tortellinis (p. 39)

Cari de poulet à la noix de coco (p. 60)

Les éléments de base sont simples : du poulet et des légumes cuits dans un riche bouillon assaisonné de cari. Si vous en avez envie, servez-la garnie de noix de coco râpée, grillée. Pour un repas plus consistant, servez-la avec du riz basmati vapeur (voir p. 73).

- Couvrir et cuire à basse température de 6 à 8 h ou à température élevée de 3 à 4 h ou jusqu'à ce que les légumes soient tendres et que la soupe fasse des bulles.
- Incorporer le zeste et le jus de citron, ainsi que la coriandre.

Le cari

Le cari en poudre, un mélange de plus de 20 épices, herbes et graines, fait partie intégrante de la cuisine indienne (d'ailleurs, en Inde, la plupart des cuisiniers font leurs propres mélanges). La cardamome, les piments, la cannelle, la coriandre, le cumin, le fenouil, le macis, le poivre, le pavot, les graines de sésame et le safran sont des assaisonnements que l'on utilise couramment dans le cari. Mais c'est le curcuma qui lui donne sa couleur jaune bien caractéristique.

Vous pouvez utiliser de la pâte de cari, plutôt que du cari en poudre. Il en existe différents types, des doux aux plus épicés. Si vous n'aimez pas le cari trop épicé, choisissez la pâte la plus douce.

Pour adoucir le cari en poudre, faites-le griller dans une poêle sans matière grasse avant de l'utiliser. Faites-le griller environ 30 sec ou jusqu'à ce qu'une bonne odeur s'en dégage.

Minestrone à la viande

6 à 8 portions

Grandeur de la mijoteuse : 5 à 6 litres (20 à 24 tasses)

Le mot italien *minestrone* signifie soupe consistante et fait référence à une soupe épaisse, remplie de légumes et de pâtes. Cette version, qui contient de la viande, peut faire un repas copieux.

1 c. à soupe d'huile végétale
450 g (1 lb) de bœuf à ragoût coupé en cubes de 2,5 cm (1 po)
¾ c. à café (¾ c. à thé) d'assaisonnement à l'italienne (voir p. 36)
1 c. à café (1 c. à thé) de sel
½ c. à café (½ c. à thé) de poivre noir
750 ml (3 tasses) de bouillon de bœuf, au total
540 ml (19 oz) de tomates concassées en conserve, avec le jus
2 gousses d'ail émincées
2 carottes pelées et finement hachées
1 branche de céleri finement hachée
120 g (1 tasse) de chou émincé
1 feuille de laurier
1 cannette de 355 ml (12 oz) de cola
540 ml (19 oz) de haricots blancs en conserve, rincés et égouttés, ou 450 g
    (2 tasses) de haricots cuits à la maison (voir p. 147)
1 morceau de 2,5 cm (1 po) de croûte de parmesan
155 g (1 tasse) de haricots verts en dés
1 petite courgette coupée en 2 dans le sens de la longueur et hachée
150 g (1 tasse) de macaronis cuits ou de tout autre type de pâtes de
    petite taille
2 c. à soupe de parmesan râpé

- Dans une grande poêle antiadhésive, chauffer l'huile à feu moyen-élevé. Ajouter les cubes de bœuf, l'assaisonnement à l'italienne, le sel et le poivre. Cuire, en brassant, de 8 à 10 min ou jusqu'à ce que la viande soit bien dorée de tous les côtés. À l'aide d'une écumoire, mettre la viande dans la cocotte d'une mijoteuse.
- Ajouter 250 ml (1 tasse) de bouillon à la poêle et porter à ébullition en raclant le fond de la poêle pour enlever tous les petits morceaux qui y ont adhéré. Verser ce liquide dans la mijoteuse.
- Ajouter le reste du bouillon dans la mijoteuse, puis les tomates, l'ail, les carottes, le céleri, le chou, la feuille de laurier, le cola et les haricots blancs. Bien mélanger. Mettre le morceau de parmesan dans ce mélange.
- Couvrir et cuire à basse température de 8 à 10 h ou à température élevée de 4 à 6 h ou jusqu'à ce que la viande et les légumes soient tendres et que la soupe fasse des bulles.

Quand vous achetez un morceau de véritable parmesan, comme le Parmigiano Reggiano, vous avez habituellement la croûte. Cette croûte est trop dure pour être râpée ou mangée, alors ajoutez-la à la soupe pour obtenir encore plus de saveur. Mais assurez-vous de la jeter avant de servir la soupe.

- Incorporer les haricots verts, la courgette et les pâtes.
- Couvrir et cuire à température élevée de 20 à 25 min ou jusqu'à ce que ce soit très chaud et que ça fasse des bulles. Retirer le morceau de parmesan et la feuille de laurier.
- Verser la soupe dans des bols individuels et parsemer de fromage parmesan râpé.

Le bouillon

On obtient du bouillon en faisant cuire du poulet, de la viande ou des légumes avec des assaisonnements dans l'eau. On filtre ensuite l'eau de cuisson. Le meilleur bouillon est évidemment le bouillon maison, mais si vous êtes à court de temps, utilisez du bouillon en conserve (et diluez-le selon les indications fournies sur la boîte) ou du bouillon réfrigéré déjà préparé. Évitez le plus possible d'utiliser le bouillon en poudre ou en cubes, car ils contiennent beaucoup de sel et n'ont pas une saveur aussi riche. Si vous utilisez du bouillon en poudre ou en cubes, salez seulement à la fin de la cuisson, si vous le jugez nécessaire.

Soupe à la courge

6 à 8 portions

Grandeur de la mijoteuse : 3,5 à 6 litres (14 à 24 tasses)

Cette soupe facile à préparer est amusante à présenter à vos invités lors d'une réception, car ils peuvent se servir eux-mêmes parmi toute une variété de garnitures bien colorées. Assurez-vous de passer un panier de chips tortillas avec les garnitures.

Vous pouvez faire à l'avance…

Vous pouvez préparer cette soupe jusqu'à 24 h avant de la faire cuire. Mettez tous les ingrédients dans la cocotte d'une mijoteuse et placez au réfrigérateur toute la nuit. La journée suivante, déposez la cocotte dans la mijoteuse et faites cuire tel que mentionné dans la recette.

2 oignons finement hachés
2 gousses d'ail émincées
640 g (4 tasses) de courge en dés
1 c. à café (1 c. à thé) de cumin moulu
1 c. à café (1 c. à thé) de sel
½ c. à café (½ c. à thé) d'origan séché
½ c. à café (½ c. à thé) de piment rouge séché, en flocons
½ c. à café (½ c. à thé) de poivre noir
1 litre (4 tasses) de bouillon de légumes ou de poulet
660 g (3 tasses) de maïs en grains frais ou surgelé, décongelé
½ poivron rouge, épépiné et finement haché
75 g (½ tasse) de coriandre fraîche, hachée

LA GARNITURE
65 g (½ tasse) de cheddar ou de Monterey Jack, râpé
85 g (½ tasse) de pignons grillés (voir p. 153)
60 g (½ tasse) de demi-noix de Grenoble grillées (voir p. 153)
2 piments jalapeños, épépinés et hachés

- Mettre les oignons, l'ail, la courge, le cumin, le sel, l'origan, le piment en flocons, le poivre et le bouillon dans la cocotte d'une mijoteuse.
- Couvrir et cuire à basse température de 8 à 10 h ou à température élevée de 4 à 6 h ou jusqu'à ce que les légumes soient tendres et que la soupe fasse des bulles.
- Incorporer le maïs, le poivron rouge et la coriandre.
- Couvrir et cuire à température élevée de 15 à 20 min ou jusqu'à ce que le tout soit bien chaud.
- Verser dans des bols individuels, puis parsemer de fromage, de pignons, de noix et de piments jalapeños.

Soupe aux haricots et à la bière

4 à 6 portions

Grandeur de la mijoteuse : 3,5 à 6 litres (14 à 24 tasses)

Cette soupe familiale très simple nous rappelle la soupe aux légumes à l'européenne. Servez-la avec des bretzels.

Vous pouvez l'accompagner d'un plateau de fromages comme le cheddar, le suisse, le gouda et le jarlsberg. Étiquetez les fromages, puis disposez-les sur un plateau. Présentez-le avec du raisin et formez un damier avec des tranches de pain de seigle et de pain pumpernickle.

Ouvrez la bière le soir avant de faire la soupe pour lui permettre de s'éventer.

Vous pouvez faire à l'avance...
Vous pouvez faire cette soupe jusqu'à l'étape de la cuisson jusqu'à 24 h à l'avance. Mettez les ingrédients dans la cocotte d'une mijoteuse et placez-la au réfrigérateur toute la nuit. La journée suivante, déposez la cocotte dans la mijoteuse et faites cuire tel que mentionné dans la recette.

1 gros oignon finement haché
2 carottes pelées et hachées
2 branches de céleri finement hachées
2 gousses d'ail émincées
1 litre (4 tasses) de bouillon de poulet
1 cannette ou 1 bouteille de 341 ml (12 oz) de bière brune, éventée
1 c. à café (1 c. à thé) de sauce Worcestershire
1 c. à café (1 c. à thé) de thym séché
½ c. à café (½ c. à thé) de marjolaine séchée
½ c. à café (½ c. à thé) de piment rouge séché, en flocons
1 c. à café (1 c. à thé) de sel
½ c. à café (½ c. à thé) de poivre noir
2 boîtes de 540 ml (19 oz) de petits haricots blancs en conserve, rincés et
     égouttés, ou 900 g (4 tasses) de haricots cuits à la maison (voir p. 147)
340 g (2 tasses) de jambon cuit, haché
15 g (¼ tasse) de persil frais, haché
2 c. à soupe de bretzels émiettés
2 c. à soupe d'oignons verts hachés

- Mettre l'oignon, les carottes, le céleri, l'ail, le bouillon, la bière, la sauce Worcestershire, le thym, la marjolaine, le piment en flocons, le sel, le poivre, les haricots et le jambon dans la cocotte d'une mijoteuse. Bien mélanger.
- Couvrir et cuire à basse température de 6 à 10 h ou à température élevée de 3 à 4 h ou jusqu'à ce que les légumes soient tendres et que la soupe fasse des bulles. Incorporer le persil.
- Verser dans des bols individuels, puis parsemer de bretzels émiettés et d'oignons verts.

Soupe à la poire et aux panais

4 à 6 portions

Grandeur de la mijoteuse : 3,5 à 6 litres (14 à 24 tasses)

Les panais « grillés » dans la mijoteuse ajoutent un petit goût de fumée à cette copieuse soupe d'hiver. Servez-la garnie de brins de thym frais.

Dans cette recette, il est préférable d'utiliser des poires Bartlett ou Bosc.

Vous pouvez faire à l'avance…
Vous pouvez faire la soupe à l'avance jusqu'à ce que le mélange soit en purée. Placez ensuite la purée au réfrigérateur ou au congélateur et décongelez-la avant de la mettre dans la mijoteuse.

320 g (2 tasses) de panais pelés et hachés
1 poire presque mûre, pelée et hachée
1 oignon haché
2 gousses d'ail émincées
1 poivron jaune, épépiné et haché
1 c. à soupe de beurre fondu
1 c. à soupe de cassonade bien tassée
1 c. à soupe de vinaigre balsamique
½ c. à café (½ c. à thé) de thym séché
1 litre (4 tasses) de bouillon de légumes ou de poulet, au total

- Mettre les panais, la poire, l'oignon, l'ail et le poivron dans la cocotte d'une mijoteuse.
- Dans un petit bol, mélanger le beurre fondu, la cassonade, le vinaigre et le thym. Verser sur les légumes et brasser pour bien les couvrir de ce mélange.
- Couvrir et cuire à basse température de 4 à 6 h ou à température élevée de 2 à 3 h ou jusqu'à ce que les légumes soient tendres.
- Mettre le mélange de légumes dans un mélangeur ou un robot culinaire avec 250 ml (1 tasse) de bouillon, puis mélanger jusqu'à l'obtention d'une consistance onctueuse. Remettre le mélange dans la mijoteuse et ajouter le reste du bouillon.
- Couvrir et cuire à basse température de 4 à 6 h ou à température élevée de 3 à 4 h ou jusqu'à ce que la soupe fasse des bulles.

Soupe à la citrouille à l'asiatique

4 à 6 portions

Grandeur de la mijoteuse : 3,5 à 6 litres (14 à 24 tasses)

Cette soupe, qui se prépare en un clin d'œil, est parfumée au cumin et au chili. Assurez-vous d'acheter de la purée de citrouille et non de la garniture à tarte.

750 ml (3 tasses) de bouillon de légumes ou de poulet
796 ml (28 oz) de purée de citrouille en conserve
1 c. à soupe de cassonade bien tassée
1 c. à café (1 c. à thé) de cumin moulu
½ c. à café (½ c. à thé) de chili en poudre
Une pincée de muscade moulue
400 ml (14 oz) de lait de coco en conserve
½ c. à café (½ c. à thé) de zeste de citron vert, râpé
2 c. à café (2 c. à thé) de jus de citron vert
65 g (½ tasse) de cheddar râpé
1 c. à soupe de coriandre fraîche, hachée

- Mettre le bouillon, la purée de citrouille, la cassonade, le cumin, le chili en poudre et la muscade dans la cocotte d'une mijoteuse.
- Couvrir et cuire à basse température de 4 à 6 h ou à température élevée de 2 à 3 h ou jusqu'à ce que la soupe fasse des bulles.
- Incorporer le lait de coco, ainsi que le zeste et le jus de citron vert. Verser la soupe dans des bols individuels, puis garnir de cheddar râpé et de coriandre.

Le lait de coco

Le lait de coco en conserve est fabriqué avec de la pulpe de noix de coco râpée. Il n'est donc pas fabriqué (comme vous auriez pu le croire) avec le liquide qui est à l'intérieur de la noix de coco. On trouve, bien sûr, le lait de coco dans les épiceries asiatiques ou au rayon des produits asiatiques de la plupart des supermarchés. Assurez-vous de ne pas acheter la crème de coco que l'on utilise pour préparer les piña coladas.

Soupe de patate douce épicée

6 portions

Grandeur de la mijoteuse : 3,5 à 6 litres (14 à 24 tasses)

Demandez à vos invités de deviner l'ingrédient mystère de cette soupe (le beurre d'arachide).

Assurez-vous de bien râper le zeste du citron vert avant d'en extraire le jus.

Un mélangeur à immersion est l'appareil idéal pour mettre la soupe en purée directement dans la mijoteuse sans avoir à transférer la soupe dans un mélangeur ou un robot culinaire.

Cette soupe aux saveurs exotiques se marie bien avec un vin aromatique comme le gewurtztraminer. Servez-la avec du pain croûté.

Vous pouvez faire à l'avance...
Vous pouvez faire la purée à l'avance (jusqu'à la fin de la 3e étape, soit jusqu'à ce que le mélange ait une consistance onctueuse). Se conserve au réfrigérateur jusqu'à 3 jours et au congélateur jusqu'à 1 mois. Réchauffez la purée avec le reste du bouillon dans une poêle, sur la cuisinière.

2 grosses patates douces pelées et hachées
1 oignon haché
2 gousses d'ail pelées, en tranches
1 litre (4 tasses) de bouillon de légumes ou de poulet
½ c. à café (½ c. à thé) de cumin moulu
¼ c. à café (¼ c. à thé) de piment rouge séché, en flocons
1 c. à café (1 c. à thé) de gingembre moulu
60 g (¼ tasse) de beurre d'arachide croquant ou crémeux
Le jus de 1 citron vert
Sel et poivre noir au goût
1 c. à soupe de coriandre fraîche, hachée
120 g (½ tasse) de crème sure
1 c. à café (1 c. à thé) de zeste de citron vert, râpé
30 g (¼ tasse) de poivron rouge finement haché

- Mettre les patates douces, l'oignon, l'ail, le bouillon, le cumin, le piment en flocons et le gingembre dans la cocotte d'une mijoteuse.
- Couvrir et cuire à basse température de 8 à 10 h ou à température élevée de 4 à 6 h ou jusqu'à ce que les patates douces soient tendres.
- Filtrer la soupe dans une passoire, en conservant le liquide. Mettre le mélange de patates douces dans un mélangeur ou un robot culinaire. Ajouter 250 ml (1 tasse) du liquide réservé, le beurre d'arachide et le jus de citron vert. Passer le mélange jusqu'à ce qu'il ait une consistance onctueuse.
- Remettre la soupe dans la mijoteuse avec le reste du liquide. Saler et poivrer au goût. Incorporer la coriandre. Couvrir et cuire à température élevée pendant 10 min ou jusqu'à ce que ce soit bien chaud.
- Dans un petit bol, mélanger la crème sure et le zeste de citron vert.
- Verser la soupe dans des bols de service. Garnir d'une cuillerée de crème sure et parsemer de poivron rouge, haché.

Borscht du printemps

Grandeur de la mijoteuse : 3,5 à 6 litres (14 à 24 tasses)

Aucun livre de recettes pour mijoteuse ne serait complet sans un succulent borscht cuit bien longtemps. Pleine de bons légumes, cette magnifique soupe d'un beau rouge rubis ensoleillera même les jours les plus sombres.

Quand vous ne pouvez trouver de betteraves avec les feuilles, remplacez les feuilles de betterave par une quantité supplémentaire de chou émincé ou par des bettes à cardes.

Vous pouvez faire à l'avance...
Vous pouvez faire cette soupe jusqu'à 24 h avant de la faire cuire. Mettez tous les ingrédients dans la cocotte d'une mijoteuse (sauf les feuilles de betterave, le vinaigre, le sel, le poivre et la crème sure) et placez-la au réfrigérateur toute la nuit. La journée suivante, mettez la cocotte dans la mijoteuse et faites cuire la soupe tel que mentionné dans la recette.

4 betteraves, avec les feuilles
120 g (1 tasse) de chou émincé
115 g (1 tasse) de navet finement haché
1 grosse pomme de terre pelée et finement hachée
1 carotte pelée et râpée ou finement hachée
1 branche de céleri finement hachée
1 litre (4 tasses) de bouillon de légumes ou de poulet
60 g (¼ tasse) de ketchup
1 c. à café (1 c. à thé) de paprika
15 g (¼ tasse) d'aneth frais, haché, au total
2 c. à soupe de vinaigre de vin rouge
Sel et poivre noir au goût
60 g (¼ tasse) de crème sure

- Peler les betteraves et réserver les feuilles. Hacher ou couper les betteraves en lamelles.
- Mettre les betteraves, le chou, le navet, la pomme de terre, la carotte, le céleri, le bouillon, le ketchup, le paprika et 2 c. à soupe d'aneth dans la cocotte d'une mijoteuse.
- Couvrir et cuire à basse température de 8 à 10 h ou à température élevée de 4 à 6 h ou jusqu'à ce que les légumes soient tendres.
- Hacher finement les feuilles de betterave. Incorporer les feuilles de betterave et le vinaigre aux ingrédients de la mijoteuse. Saler et poivrer. Couvrir et laisser reposer 5 min ou jusqu'à ce que les feuilles de betterave soient tendres.
- Verser la soupe dans des bols individuels et servir avec une cuillerée de crème sure. Parsemer la soupe du reste d'aneth.

Soupe au bœuf et aux tomates

4 à 6 portions

Grandeur de la mijoteuse : 3,5 à 6 litres (14 à 24 tasses)

Cette soupe se prépare très rapidement et elle saura satisfaire toute une famille d'affamés à la fin de la journée. Versez la soupe dans des bols individuels et accompagnez-la de garnitures comme du cheddar râpé, de la crème sure et des chips tortillas.

Vous pouvez faire à l'avance...

Vous pouvez faire cette soupe jusqu'à 24 h avant de la faire cuire. Préparez cette recette jusqu'à la fin de la 1re étape, puis placez le mélange de viande au réfrigérateur pour le refroidir complètement. Mettez ensuite tous les ingrédients dans la cocotte d'une mijoteuse et placez au réfrigérateur toute la nuit. La journée suivante, déposez la cocotte dans la mijoteuse et continuez la cuisson tel que mentionné dans la recette.

680 g (1 ½ lb) de bœuf haché, maigre
Environ 4 oignons verts hachés
2 gousses d'ail émincées
1 c. à café (1 c. à thé) de cumin moulu
1 c. à café (1 c. à thé) de chili en poudre
¼ c. à café (¼ c. à thé) d'origan séché
500 ml (2 tasses) de bouillon de bœuf
540 ml (19 oz) de tomates concassées en conserve, avec le jus
213 ml (7 ½ oz) de sauce tomate en conserve
127 ml (4 ½ oz) de piments verts doux, hachés, en conserve, égouttés
540 ml (19 oz) de haricots pinto ou de haricots rouges en conserve, rincés et égouttés ou 375 g (2 tasses) de haricots cuits à la maison (voir p. 147)
½ c. à café (½ c. à thé) de sel
¼ c. à café (¼ c. à thé) de poivre noir

- Dans une grande poêle antiadhésive, à feu moyen-élevé, cuire le bœuf, les oignons verts et l'ail, en brisant la viande avec le dos d'une cuillère pendant la cuisson. Cuire de 5 à 7 min ou jusqu'à ce que la viande ne soit plus rosée.
- Ajouter le cumin, le chili en poudre et l'origan. Cuire pendant 1 min. À l'aide d'une écumoire, mettre le mélange dans la cocotte d'une mijoteuse.
- Ajouter le bouillon, les tomates, la sauce tomate, les piments, les haricots ainsi que le sel et le poivre au contenu de la mijoteuse. Bien mélanger.
- Couvrir et cuire à basse température de 6 à 10 h ou à température élevée de 3 à 4 h ou jusqu'à ce que la soupe fasse des bulles.

Soupe BLT

Grandeur de la mijoteuse : 3,5 à 6 litres (14 à 24 tasses)

Voici une soupe amusante qui m'a été inspirée par le sandwich préféré de mon mari. Elle comprend tous les ingrédients du BLT… même la laitue émincée. Servez-la avec du pain blanc légèrement recouvert de mayonnaise.

Si vous désirez une consistance plus lisse et crémeuse, vous pouvez passer la soupe au mélangeur ou au robot culinaire. Quand la soupe est cuite, versez-en une partie dans l'appareil et mettez-la en purée. Répétez l'opération jusqu'à ce que toute la soupe soit en purée. Remettez-la ensuite dans la mijoteuse, puis salez et poivrez au goût.

Vous pouvez faire à l'avance…

Vous pouvez faire cette soupe jusqu'à 24 h avant de la faire cuire. Préparez tous les ingrédients tel que mentionné dans la recette, puis mettez-les dans la cocotte d'une mijoteuse et placez au réfrigérateur toute la nuit. La journée suivante, déposez la cocotte dans la mijoteuse et faites cuire tel que mentionné dans la recette.

6 à 8 tranches de bacon finement hachées
1 gros oignon finement haché
2 gousses d'ail émincées
540 ml (19 oz) de tomates étuvées à l'italienne (voir p. 105), en conserve, avec le jus
1 litre (4 tasses) de bouillon de poulet
1 c. à café (1 c. à thé) de basilic séché
1 c. à soupe de pâte de tomate
½ c. à café (½ c. à thé) de sucre cristallisé
Sel et poivre noir au goût
100 g (1 tasse) de laitue finement émincée

- Dans une grande poêle antiadhésive, à feu moyen-élevé, cuire le bacon, l'oignon et l'ail, en brassant de temps en temps, pendant 5 min ou jusqu'à ce que l'oignon soit translucide. À l'aide d'une écumoire, mettre le mélange dans la cocotte d'une mijoteuse.
- Ajouter les tomates, le bouillon, le basilic, la pâte de tomate et le sucre au contenu de la mijoteuse.
- Couvrir et cuire à basse température de 6 à 10 h ou à température élevée de 3 à 4 h ou jusqu'à ce que la soupe fasse des bulles. Saler et poivrer.
- Verser dans des bols individuels, puis parsemer de laitue émincée.

La pâte de tomate
La pâte de tomate est faite avec des tomates qui ont cuit pendant plusieurs heures, jusqu'à ce que la sauce ait épaissi et qu'elle ait une saveur concentrée et une couleur riche. Essayez la pâte de tomate en tube que l'on presse, plutôt qu'en conserve. Le tube est plus facile à utiliser quand vous n'avez besoin que de petites quantités. Vous pouvez trouver ces tubes dans les épiceries italiennes et dans certains supermarchés. Réfrigérez après l'utilisation.

Soupe aux poivrons et aux haricots à la toscane

4 à 6 portions

Grandeur de la mijoteuse : 3,5 à 6 litres (14 à 24 tasses)

Cette savoureuse soupe végétarienne est aussi très nutritive. Et elle est meilleure réchauffée, le lendemain. Accompagnez-la de bruschetta et de fruits frais.

1 poireau, le blanc et le vert pâle seulement, bien rincé, en tranches
1 pomme de terre pelée et coupée en dés
2 gousses d'ail émincées
4 poivrons rouges grillés (voir p. 163), finement hachés
1 litre (4 tasses) de bouillon de légumes ou de poulet
¼ c. à café (¼ c. à thé) de thym séché
¼ c. à café (¼ c. à thé) de romarin séché
½ c. à café (½ c. à thé) de sel
¼ c. à café (¼ c. à thé) de poivre noir
540 ml (19 oz) de haricots blancs, rincés et égouttés, ou 450 g (2 tasses) de haricots cuits à la maison (voir p. 147)
100 g (1 tasse) de farfalles, de rotinis ou de tout autre type de pâtes de petite taille, cuites (facultatif)

- Dans la cocotte d'une mijoteuse, mettre le poireau, la pomme de terre, l'ail, les poivrons, le bouillon, le thym, le romarin, le sel, le poivre et les haricots. Bien mélanger.
- Couvrir et cuire à basse température de 6 à 10 h ou à température élevée de 3 à 4 h ou jusqu'à ce que ce soit très chaud et que ça fasse des bulles.
- Ajouter les pâtes cuites, si désiré. Couvrir et cuire à température élevée de 15 à 20 min ou jusqu'à ce que ce soit chaud.

La bruschetta – donne 12 bouchées
Dans un bol, mélangez 4 tomates finement hachées, 2 gousses d'ail émincées, 15 g (¼ tasse) de basilic frais, haché, 2 c. à soupe d'huile d'olive, ½ c. à café (½ c. à thé) de sel et ¼ c. à café (¼ c. à thé) de poivre noir. Versez ce mélange sur 12 tranches de baguette grillées, puis parsemez de 30 g (¼ tasse) de parmesan râpé. Déposez au four à *broil* ou faites griller pendant 1 min ou jusqu'à ce que le fromage soit fondu.

La volaille

Poulet aux pommes

4 à 6 portions

Grandeur de la mijoteuse : 3,5 à 6 litres (14 à 24 tasses)

Voici un plat merveilleux à servir quand le temps devient frais et que les nuits sont plus longues. Utilisez des pommes qui conservent leur forme et leur texture pendant la cuisson, comme les Cortland ou les McIntosh.

12 pilons ou cuisses de poulet, sans la peau
1 c. à café (1 c. à thé) de thym séché
½ c. à café (½ c. à thé) de sel
½ c. à café (½ c. à thé) de poivre noir
2 pommes non pelées, en tranches épaisses
1 oignon émincé
125 ml (½ tasse) de cidre ou de jus de pomme
1 ½ c. à café (1 ½ c. à thé) de vinaigre de cidre
1 c. à soupe de fécule de maïs

- Mettre le poulet dans la cocotte d'une mijoteuse. Parsemer de thym, de sel et de poivre.
- Ajouter les pommes et l'oignon, puis verser le cidre ou le jus de pomme sur le poulet.
- Couvrir et cuire à basse température de 5 à 7 h ou à température élevée de 2 h 30 à 4 h ou jusqu'à ce que la viande ne soit plus rosée. Transférer le poulet dans un plat de service et garder au chaud.
- Dans un petit bol ou dans un bocal (voir p. 179), mélanger le vinaigre et la fécule de maïs. Verser ce liquide dans la mijoteuse et fouetter. Couvrir et cuire à température élevée de 15 à 20 min ou jusqu'à ce que le tout soit assez épais. Verser sur le poulet.

Poulet à l'oignon caramélisé

4 à 6 portions

Grandeur de la mijoteuse : 3,5 à 6 litres (14 à 24 tasses)

Une sauce douce et piquante se forme pendant la cuisson du poulet. Servez-le avec des pommes de terre bouillies ou des pommes de terre au four, ou encore, pour faire changement, avec des dumplings aux pommes de terre, des spätzle allemands ou des gnocchis italiens. Vous les trouverez au comptoir des pâtes fraîches ou des produits surgelés des supermarchés. Pour ajouter couleur et saveur, mélangez les dumplings cuits avec du beurre fondu, puis parsemez-les de persil ou d'aneth frais, haché.

12 pilons ou cuisses de poulet, sans la peau
½ c. à café (½ c. à thé) de sel
¼ c. à café (¼ c. à thé) de poivre noir
1 c. à soupe de beurre
1 oignon doux, émincé
145 g (½ tasse) de confiture de framboises, sans les graines, de préférence
1 c. à soupe de vinaigre de vin rouge
1 c. à soupe de sauce soya
2 c. à café (2 c. à thé) de gingembre frais, râpé ou 1 c. à café (1 c. à thé) de gingembre moulu
½ c. à café (½ c. à thé) de romarin séché

- Mettre les morceaux de poulet dans la cocotte d'une mijoteuse, puis saler et poivrer.
- Dans une poêle, faire fondre le beurre à feu moyen-élevé. Ajouter l'oignon et cuire, en brassant, pendant 2 min. Réduire à feu modéré et cuire de 10 à 12 min de plus, en brassant souvent, jusqu'à ce que l'oignon soit tendre et bien doré. Étendre sur le poulet.
- Dans un bol, mélanger la confiture, le vinaigre, la sauce soya, le gingembre et le romarin. Verser sur le poulet et l'oignon.
- Couvrir et cuire à basse température de 5 à 7 h ou à température élevée de 2 h 30 à 4 h ou jusqu'à ce que la viande ne soit plus rosée.

Ragoût Brunswick

Grandeur de la mijoteuse : 3,5 à 6 litres (14 à 24 tasses)

En 1828, en Virginie, dans le comté de Brunswick, on préparait ce ragoût avec de l'écureuil et des oignons. Mais de nos jours, le poulet est un choix qui rallie la majorité ! Servez ce plat avec de la salade de chou et des biscuits à levure chimique chauds, accompagnés de beurre.

3 tranches de bacon
2 c. à soupe de farine tout usage
1 c. à café (1 c. à thé) de sel
½ c. à café (½ c. à thé) de poivre noir
½ c. à café (½ c. à thé) de marjolaine séchée
½ c. à café (½ c. à thé) de piment rouge séché, en flocons
900 g (2 lb) de cuisses de poulet désossées, sans la peau, coupées en morceaux de 2,5 cm (1 po)
500 ml (2 tasses) de bouillon de poulet, au total
230 g (2 tasses) de pommes de terre pelées et coupées en dés
3 carottes pelées et coupées en tranches de 2,5 cm (1 po) d'épaisseur
2 branches de céleri hachées
540 ml (19 oz) de tomates concassées en conserve, avec le jus
2 gousses d'ail émincées
125 g (½ tasse) de ketchup
2 c. à soupe de cassonade bien tassée
1 c. à soupe de sauce Worcestershire
1 c. à café (1 c. à thé) de moutarde sèche
½ c. à café (½ c. à thé) de gingembre moulu
360 g (2 tasses) de haricots de Lima surgelés, décongelés
220 g (1 tasse) de maïs en grains frais ou surgelé, décongelé

- Dans un grand poêlon, à feu moyen-élevé, cuire le bacon de 5 à 7 min ou jusqu'à ce qu'il soit croustillant. Le mettre ensuite dans une assiette recouverte de papier essuie-tout, en conservant la graisse de cuisson.
- Dans un sac de plastique résistant, mélanger la farine, le sel et le poivre, la marjolaine et le piment en flocons. Mettre quelques morceaux de poulet à la fois dans le sac, puis remuer le sac pour bien couvrir les morceaux de farine. Répéter l'opération pour tous les autres morceaux de poulet.
- Dans un poêlon, à feu moyen-élevé, cuire quelques morceaux de poulet à la fois avec la graisse de cuisson réservée, en brassant de temps en temps, jusqu'à ce que le poulet soit bien doré de tous les côtés. À l'aide d'une écumoire, mettre le poulet dans la cocotte dune mijoteuse.

- Ajouter 250 ml (1 tasse) de bouillon au poêlon, puis porter à ébullition en raclant le fond du poêlon pour enlever tous les petits morceaux qui y ont adhéré. Verser le mélange de bouillon dans la mijoteuse. Ajouter le bacon réservé, le reste du bouillon, les pommes de terre, les carottes, le céleri, les tomates, l'ail, le ketchup, la cassonade, la sauce Worcestershire, la moutarde et le gingembre.
- Couvrir et cuire à basse température de 6 à 8 h ou à température élevée de 3 à 5 h ou jusqu'à ce que les légumes soient tendres et que le ragoût fasse des bulles.
- Ajouter les fèves de Lima et le maïs. Couvrir et cuire à température élevée de 15 à 20 min ou jusqu'à ce que les haricots et le maïs soient bien chauds.

Salade de chou crémeuse, vite faite – 4 à 6 portions

Dans un bol, mettez 360 g (3 tasses) de chou émincé, 2 carottes râpées et 2 oignons verts, hachés.

Dans un petit bol ou dans une tasse à mesurer, mélangez 55 g (¼ tasse) de mayonnaise, 60 g (¼ tasse) de yogourt nature ou de crème sure, 1 c. à soupe de vinaigre blanc, 1 c. à café (1 c. à thé) de sucre cristallisé, ½ c. à café (½ c. à thé) de graines de céleri, ½ c. à café (½ c. à thé) de moutarde préparée et ¼ c. à café (¼ c. à thé) de poivre noir. Versez sur le mélange de chou et brassez bien. Couvrez et placez au réfrigérateur jusqu'à 24 h.

Poulet chasseur

6 à 8 portions

Grandeur de la mijoteuse : 3,5 à 6 litres (14 à 24 tasses)

Cette spécialité italienne préparée à la chasseur signifie qu'elle cuit lentement dans la sauce tomate avec des oignons et des herbes.

J'aime bien la servir sur des spaghettis ou sur des nouilles nature, mais vous pouvez aussi la servir avec des Pommes de terre grillées (voir p. 123) et de la salade verte.

30 g (¼ tasse) de farine tout usage
½ c. à café (½ c. à thé) de sel
1 c. à café (1 c. à thé) d'assaisonnement à l'italienne (voir p. 36)
¼ c. à café (¼ c. à thé) de poivre noir
1,3 kg (3 lb) de cuisses de poulet désossées, sans la peau
1 oignon haché
250 g (3 tasses) de champignons, en tranches
2 branches de céleri hachées
2 gousses d'ail émincées
398 ml (14 oz) de tomates concassées en conserve, avec le jus
250 ml (1 tasse) de sauce tomate
2 c. à soupe de vin blanc sec
1 feuille de laurier
15 g (¼ tasse) de persil frais, haché
2 c. à soupe de parmesan râpé

- Dans un grand sac de plastique résistant, mettre la farine, le sel, l'assaisonnement à l'italienne et le poivre. Mettre quelques morceaux de poulet à la fois dans le sac, puis remuer le sac pour bien couvrir les morceaux de farine. Répéter l'opération pour tous les autres morceaux de poulet. Mettre le poulet dans la cocotte d'une mijoteuse.
- Ajouter l'oignon, les champignons, le céleri, l'ail, les tomates, la sauce tomate, le vin, la feuille de laurier et le persil au contenu de la mijoteuse.
- Couvrir et cuire à basse température de 5 à 7 h ou à température élevée de 2 h 30 à 4 h ou jusqu'à ce que le poulet soit tendre et qu'il ne soit plus rosé. Jeter la feuille de laurier. Servir parsemé de parmesan.

Sandwich club au poulet

Grandeur de la mijoteuse : 3,5 à 6 litres (14 à 24 tasses)

L'une de mes voisines m'a prêté son livre de recettes familial pour la mijoteuse et je l'en remercie. Tout le monde aime les sandwiches clubs, alors cette recette plaira aux petits et aux grands.

J'utilise de la soupe condensée en conserve, car elle réagit bien à la longue cuisson à la mijoteuse. Optez pour une soupe pauvre en sel, si possible.

8 cuisses de poulet désossées, sans la peau
1 c. à soupe de moutarde de Dijon
4 minces tranches de jambon Forêt Noire, coupées en 2
8 tranches de fromage suisse
1 c. à café (1 c. à thé) de thym séché
½ c. à café (½ c. à thé) de paprika
284 ml (10 oz) de crème de champignons condensée en conserve, non diluée
125 ml (½ tasse) de lait concentré
4 tranches de bacon cuites et émiettées

- Déposer les cuisses de poulet désossées, côté lisse vers le bas, entre 2 morceaux de papier ciré, puis les attendrir à l'aide d'un attendrisseur jusqu'à ce qu'elles aient une épaisseur de 0,5 cm (¼ po). Badigeonner l'intérieur de chaque cuisse de moutarde, puis déposer une demi-tranche de jambon sur chacune des cuisses. Déposer ensuite une tranche de fromage sur le jambon. Rouler chaque morceau de poulet, puis fixer chacun d'entre eux avec des cure-dents.
- Déposer les rouleaux de poulet dans la cocotte d'une mijoteuse. Parsemer de thym et de paprika.
- Dans un bol, battre la soupe et le lait, puis verser ce liquide sur le poulet.
- Couvrir et cuire à basse température de 5 à 6 h ou jusqu'à ce que la viande ne soit plus rosée.
- À l'aide d'une écumoire, transférer le poulet dans une assiette de service et jeter les cure-dents. Incorporer la sauce au contenu de la mijoteuse, puis verser de la sauce sur chaque portion. Parsemer de bacon émietté.

Cari de poulet à la noix de coco

6 portions

Grandeur de la mijoteuse : 3,5 à 6 litres (14 à 24 tasses)

Ce plat épicé et parfumé se sert traditionnellement sur du riz vapeur (voir p. 73)

60 g (½ tasse) de farine tout usage
½ c. à café (½ c. à thé) de sel
½ c. à café (½ c. à thé) de poivre noir
12 cuisses de poulet, sans la peau
1 c. à soupe d'huile végétale
2 oignons hachés
4 gousses d'ail émincées
1 c. à soupe de cari en poudre ou 2 c. à soupe de pâte de cari douce
125 ml (½ tasse) de bouillon de poulet
400 ml (14 oz) de lait de coco en conserve
4 carottes pelées, en tranches
540 ml (19 oz) de pois chiches en conserve, rincés et égouttés ou 235 g (2 tasses) de pois chiches cuits à la maison (voir p. 147)
75 g (1 tasse) de pois ou de pois mange-tout frais ou surgelés, décongelés
1 pomme Granny Smith non pelée et coupée en morceaux de 2,5 cm (1 po)
235 g (1 tasse) de yogourt nature
55 g (½ tasse) de noix de cajou
20 g (¼ tasse) de noix de coco râpée, grillée

- Dans un plat peu profond, mettre la farine, le sel et le poivre. Ajouter les cuisses de poulet au mélange de farine et remuer pour bien les enduire du mélange. Mettre le poulet au fond de la cocotte d'une mijoteuse, en conservant le surplus de farine.
- Dans une grande poêle antiadhésive, chauffer l'huile à feu moyen-élevé. Ajouter les oignons, l'ail et le cari. Cuire, en brassant, pendant 3 min ou jusqu'à ce que les oignons soient translucides et qu'une bonne odeur s'en dégage. Saupoudrer de la farine réservée et cuire, en brassant, pendant 1 min.
- Incorporer le bouillon et le lait de coco, puis porter à ébullition. Ajouter les carottes et les pois chiches. Bien mélanger et verser sur le poulet, dans la mijoteuse.

- Couvrir et cuire à basse température de 5 à 7 h ou à température élevée de 2 h 30 à 4 h ou jusqu'à ce que la viande ne soit plus rosée, que les légumes soient tendres et que ça fasse des bulles.
- Incorporer les pois, la pomme et le yogourt.
- Couvrir et cuire à température élevée de 15 à 20 min ou jusqu'à ce que ce soit bien chaud. Servir garni de noix de cajou et de noix de coco.

Noix de coco grillée

Étendez de la noix de coco râpée sur une tôle à biscuits. Faites-la griller au four à 150 °C (300 °F) de 10 à 12 min ou jusqu'à ce qu'elle soit dorée.

Sandwiches au poulet à la jamaïcaine

4 à 6 portions

Grandeur de la mijoteuse : 3,5 à 6 litres (14 à 24 tasses)

Rien n'a une saveur plus authentiquement jamaïcaine que l'assaisonnement jerk. Les ingrédients de cet assaisonnement varient selon le cuisinier mais, au départ, c'est un mélange de piments forts, de thym, de cannelle, de gingembre, de piment de la Jamaïque, de clous de girofle moulus, d'ail et d'oignons. L'assaisonnement jerk se vend en poudre, en pâte ou sous forme de marinade liquide. Si vous optez pour la marinade, utilisez 60 ml (¼ tasse) de marinade et mettez seulement 60 ml (¼ tasse) de bouillon de poulet.

Ces sandwiches sont parfaits pour les petites réunions impromptues. Laissez vos invités se servir et complétez le menu par un panier de chips tortillas, un plateau de légumes crus et une trempette.

2 c. à soupe d'assaisonnement jerk des Caraïbes en poudre ou en pâte
900 g (2 lb) de cuisses de poulet désossées, sans la peau
1 poivron rouge, épépiné et haché
1 oignon finement haché
125 ml (½ tasse) de bouillon de poulet
60 g (¼ tasse) de ketchup
1 poivron vert, épépiné et haché
2 c. à soupe de rhum brun (facultatif)
6 petits pains empereur (kaisers), ouverts en 2

- Badigeonner généreusement les cuisses de poulet d'assaisonnement.
- Mettre le poivron rouge et l'oignon au fond de la cocotte d'une mijoteuse. Déposer les cuisses de poulet assaisonnées sur les légumes.
- Dans un petit bol, mélanger le bouillon et le ketchup, puis verser sur le poulet.
- Couvrir et cuire à basse température de 5 à 7 h ou à température élevée de 2 h 30 à 4 h ou jusqu'à ce que la viande ne soit plus rosée.
- Transférer le poulet dans un bol et déchiqueter la viande à l'aide de 2 fourchettes. Dégraisser la sauce qui est dans la mijoteuse.
- Remettre le poulet dans la mijoteuse avec le poivron vert et le rhum, si désiré, et bien mélanger à la sauce. Couvrir et cuire à température élevée de 15 à 20 min ou jusqu'à ce que le poivron soit légèrement tendre. À l'aide d'une écumoire, mettre le mélange de poulet et de légumes dans les petits pains.

Le curcuma
Le curcuma est le rhizome moulu d'une plante tropicale. Il est jaune or et sa saveur ressemble à celle du gingembre. Vous pouvez le remplacer par du gingembre moulu. Le plat n'aura pas une couleur aussi vive, mais il sera quand même des plus savoureux.

Ragoût de poulet à la marocaine

4 à 6 portions

Grandeur de la mijoteuse : 3,5 à 6 litres (14 à 24 tasses)

Pour un repas à la marocaine simple mais substantiel, servez ce ragoût avec du pain pita chaud, de l'hommous et des quartiers d'orange. Ou bien servez le poulet sur du coucous. Cela ne vous demandera que quelques minutes de préparation et le coucous absorbera la sauce. (Préparez le coucous selon le mode d'emploi indiqué sur l'emballage.)

8 à 12 pilons de poulet, sans la peau
540 ml (19 oz) de pois chiches en conserve, rincés et égouttés ou 235 g
   (2 tasses) de pois chiches cuits à la maison (voir p. 147)
90 g (½ tasse) de tomate en dés
115 g (1 tasse) de carottes miniatures
398 ml (14 oz) d'ananas en conserve en petits ou en gros morceaux, avec le jus
1 gros oignon haché
2 gousses d'ail émincées
2 c. à soupe de jus de citron
1 c. à café (1 c. à thé) de sel
1 c. à café (1 c. à thé) de marjolaine séchée
1 c. à café (1 c. à thé) de paprika
½ c. à café (½ c. à thé) de cumin moulu
¼ c. à café (¼ c. à thé) de curcuma moulu
Une pincée de cannelle
155 g (1 tasse) de haricots verts, en dés
45 g (¼ tasse) d'olives vertes farcies au piment
10 g (¼ tasse) de menthe ou de coriandre fraîche, hachée

- Mettre le poulet dans la cocotte d'une mijoteuse. Ajouter les pois chiches, la tomate et les carottes.
- Dans un bol, mélanger l'ananas et son jus, l'oignon, l'ail, le jus de citron, le sel, la marjolaine, le paprika, le cumin, le curcuma et la cannelle. Verser ce mélange sur la viande et les légumes.
- Couvrir et cuire à basse température de 5 à 7 h ou à température élevée de 2 h 30 à 4 h ou jusqu'à ce que la viande ne soit plus rosée.
- Ajouter les haricots verts. Couvrir et cuire à température élevée de 20 à 25 min ou jusqu'à ce que les haricots soient tendres.
- Incorporer les olives et la menthe ou la coriandre.

Ragoût de poulet aux champignons et au beurre d'arachide

4 à 6 portions

Grandeur de la mijoteuse : 3,5 à 6 litres (14 à 24 tasses)

Du beurre d'arachide, de la gelée de fruits et du poulet? Mais c'est absolument délicieux! La gelée apporte le côté sucré et le beurre d'arachide ajoute le petit goût de noisette. Bien sûr, vous devez servir ce plat avec des tranches de pain blanc qui absorberont l'excédent de sauce. Accompagnez-le d'une salade verte et terminez le repas par de la tarte aux pommes garnie de crème glacée.

8 poitrines, cuisses ou pilons de poulet, sans la peau
1 gros oignon haché
250 g (3 tasses) de champignons, en quartiers
2 c. à soupe de persil frais, haché
250 ml (1 tasse) de bouillon de poulet
125 g (½ tasse) de beurre d'arachide croquant
70 g (¼ tasse) de gelée de raisins ou de gelée ou de confiture de petits fruits
1 c. à soupe de pâte de tomate
½ c. à café (½ c. à thé) de sel
1 poivron rouge, épépiné et coupé en lanières de 1 cm (½ po)
2 c. à soupe d'arachides hachées

- Déposer le poulet dans la cocotte d'une mijoteuse. Mettre l'oignon, les champignons et le persil tout autour et sur le poulet.
- Dans un bol, mélanger le bouillon, le beurre d'arachide, la gelée ou la confiture, la pâte de tomate et le sel. Verser la sauce sur le poulet et les légumes.
- Couvrir et cuire à basse température de 5 à 7 h ou à température élevée de 2 h 30 à 4 h ou jusqu'à ce que la viande ne soit plus rosée.
- Ajouter le poivron rouge. Couvrir et cuire à température élevée de 20 à 25 min ou jusqu'à ce que le poivron soit tendre.
- Servir avec des arachides hachées comme garniture.

Tamales mexicains à la polenta

6 à 8 portions

Grandeur de la mijoteuse : 5 à 6 litres (20 à 24 tasses)

La volaille hachée, la salsa et la polenta que l'on trouve dans le commerce sont les principaux ingrédients de ce plat facile à faire, qui a le punch et l'éclat des plats mexicains.

La salsa est d'abord espagnole. Mais la cuisine mexicaine compte plusieurs salsas crues ou cuites faites avec des tomates ou des tomatilles et des piments ou du chili en poudre. Cette sauce peut comporter des morceaux de tomate ou elle peut être onctueuse. Elle peut aussi être épicée, moyennement épicée ou douce. Utilisez celle que votre famille préfère.

Vous pouvez faire à l'avance...
Vous pouvez faire ce plat jusqu'à 24 h avant de le faire cuire. Placez-le ensuite au réfrigérateur toute la nuit, dans la cocotte d'une mijoteuse. La journée suivante, déposez la cocotte dans la mijoteuse et faites cuire le plat tel que mentionné dans la recette.

1 c. à soupe d'huile végétale
450 g (1 lb) de poulet haché ou de dinde hachée, maigre
1 c. à soupe de chili en poudre
1 c. à café (1 c. à thé) de cumin moulu
375 ml (1 ½ tasse) de salsa
398 ml (14 oz) de haricots sautés en conserve
2 c. à soupe de coriandre fraîche, hachée
1 rouleau de 450 g (1 lb) de polenta, tranché en 20 rondelles
405 g (3 tasses) de cheddar râpé, au total

- Dans une grande poêle antiadhésive, chauffer l'huile à feu moyen-élevé. Ajouter le poulet ou la dinde et cuire, en brisant la viande avec une cuillère, environ 5 min ou jusqu'à ce que la viande ne soit plus rosée.
- Ajouter le chili en poudre et le cumin et cuire encore, en brassant, pendant 1 min.
- Ajouter la salsa et les haricots sautés. Laisser mijoter environ 5 min jusqu'à ce que le mélange épaississe. Incorporer la coriandre.
- Mettre la moitié des tranches de polenta au fond de la cocotte légèrement graissée d'une mijoteuse. Verser le mélange de volaille sur la polenta. Garnir de la moitié du cheddar et du reste de la polenta.
- Couvrir et cuire à basse température de 4 à 6 h ou jusqu'à ce que ce soit bien chaud et que ça fasse des bulles. Parsemer du reste du cheddar. Couvrir et cuire à basse température pendant 10 min ou jusqu'à ce que le fromage fonde.

La polenta
La polenta est une préparation faite avec de la farine de maïs. Vous pouvez la trouver toute préparée au supermarché, dans la section des produits réfrigérés ou celle des produits d'épicerie fine. Elle se vend dans des emballages de plastique.

Poulet et gremolata à l'orange

4 à 6 portions

Grandeur de la mijoteuse : 5 à 6 litres (20 à 24 tasses)

Le célèbre osso buco italien se prépare avec des jarrets de veau. Mais ici, je vous présente une version préparée avec du poulet. Passez aux invités de la gremolata – un savoureux mélange de persil, d'ail et de zeste d'orange (mais assurez-vous de râper le zeste avant d'extraire le jus de l'orange).

1 poulet à rôtir de 1,3 à 2,7 kg (3 à 6 lb)
1 c. à soupe d'huile végétale
1 oignon finement haché
1 branche de céleri finement hachée
2 gousses d'ail émincées
2 carottes pelées, en tranches
1 poivron rouge, épépiné et grossièrement haché
1 c. à café (1 c. à thé) de romarin séché
½ c. à café (½ c. à thé) de thym séché
540 ml (19 oz) de tomates étuvées en conserve, avec le jus
Le jus de 1 orange
2 c. à soupe de vin blanc sec ou de bouillon de poulet

LA GREMOLATA
20 g (⅛ tasse) de persil frais, haché
1 c. à café (1 c. à thé) de zeste d'orange râpé
1 gousse d'ail émincée

- Rincer poulet à l'intérieur et à l'extérieur à l'eau courante, puis l'assécher. Retirer l'excès de gras. Replier les ailes et les cuisses du poulet, puis les attacher lâchement au corps.
- Dans une grande poêle antiadhésive, chauffer l'huile à feu moyenélevé. Y déposer le poulet, le côté de la poitrine vers le bas. Faire dorer le poulet de tous les côtés (cela devrait prendre environ 20 min au total). Utiliser 2 cuillères en bois pour retourner le poulet afin de ne pas percer la peau.
- Mettre le poulet dans la cocotte d'une mijoteuse, la poitrine vers le haut.
- Conserver seulement 1 c. à soupe du gras de la poêle et réduire à feu modéré. Ajouter l'oignon, le céleri, l'ail, les carottes, le poivron, le romarin et le thym. Cuire, en brassant, environ 5 min ou jusqu'à ce que les légumes soient tendres.
- Ajouter les tomates et leur jus, le jus d'orange et le vin à la poêle. Porter à ébullition, réduire le feu et laisser mijoter 5 min ou jusqu'à ce que le mélange soit épais. Verser sur le poulet.

Pour un authentique repas italien, servez ce plat avec du risotto et un bon vin italien.

- Couvrir et cuire à basse température de 7 à 9 h ou à température élevée de 3 h 30 à 4 h ou jusqu'à ce qu'un thermomètre à viande inséré dans une cuisse indique 77 °C (170 °F). (Si l'on enlève le couvercle de la mijoteuse pendant la cuisson, une certaine quantité de chaleur se perd, ce qui allonge le temps de cuisson. Il ne faut donc pas retirer le couvercle avant le temps de cuisson minimum indiqué.)
- Transférer le poulet dans une assiette et le couvrir lâchement de papier d'aluminium. Le laisser reposer 10 min avant de le découper. Dégraisser la sauce.
- Entre-temps, préparer la gremolata dans un bol. Mélanger le persil, le zeste d'orange et l'ail.
- Servir le poulet avec la sauce aux légumes et parsemer chaque portion de gremolata.

Poulet, sauce barbecue à la moutarde

6 portions

Grandeur de la mijoteuse : 3,5 à 6 litres (14 à 24 tasses)

Il y a un peu plus de cent ans, la moutarde anglaise épicée était trop piquante pour les palais des Nord-Américains et c'est au début du 20e siècle que la moutarde préparée jaune vif a vu le jour. Maintenant, nous en mettons sur presque tout, des sandwiches aux bretzels. Cela ajoute aussi un petit goût piquant à la sauce barbecue. Servez ce poulet avec de la Salade de chou crémeuse, vite faite (voir p. 57) et du maïs vapeur.

12 pilons de poulet, sans la peau
540 ml (19 oz) de tomates en conserve, égouttées
55 g (¼ tasse) de cassonade bien tassée
3 c. à soupe de vinaigre de cidre
2 c. à soupe de moutarde préparée
1 ½ c. à café (1 ½ c. à thé) de sauce Worcestershire
1 c. à café (1 c. à thé) de sel
½ c. à café (½ c. à thé) de poivre noir

- Mettre le poulet dans la cocotte d'une mijoteuse.
- Dans un mélangeur ou un robot culinaire, mettre en purée les tomates, la cassonade, le vinaigre, la moutarde, la sauce Worcestershire, le sel et le poivre jusqu'à l'obtention d'une consistance onctueuse. Verser cette sauce sur le poulet.
- Couvrir et cuire à basse température de 5 à 7 h ou à température élevée de 2 h 30 à 4 h ou jusqu'à ce que la viande ne soit plus rosée. Pour obtenir une sauce plus épaisse, mettre le poulet dans une assiette de service et le conserver au chaud. Verser la sauce dans une casserole et porter à ébullition. Laisser mijoter jusqu'à ce que la sauce ait réduit de moitié ou qu'elle ait la consistance désirée. Verser la sauce sur le poulet.

Enchiladas au poulet et aux piments

4 à 6 portions

Grandeur de la mijoteuse : 5 à 6 litres (20 à 24 tasses)

Le poulet, le piment, le maïs et le fromage sont les éléments de base de cette spécialité mexicaine. Ce sont en fait des tortillas qui recouvrent une garniture, couronnées de sauce tomate et de fromage. Ce plat est habituellement préparé avec de la viande déchiquetée, mais je l'ai remplacée par du poulet haché.

Vous manquez de temps ? Procurez-vous le mélange de fromage mexicain râpé.

1 c. à soupe d'huile végétale
450 g (1 lb) de poulet haché, maigre
2 c. à café (2 c. à thé) de cumin moulu
2 c. à café (2 c. à thé) d'ail en poudre
½ c. à café (½ c. à thé) d'origan séché
¼ c. à café (¼ c. à thé) de piment rouge séché, en flocons
127 ml (4 ½ oz) de piments verts doux, hachés, en conserve, avec le jus
220 g (1 tasse) de maïs en grains frais ou surgelé, décongelé
1 oignon finement haché
540 ml (19 oz) de tomates concassées en conserve, égouttées, le jus réservé
8 tortillas de farine de 25 cm (10 po)
270 g (2 tasses) de cheddar ou de Monterey Jack râpé, au total
375 ml (1 ½ tasse) de salsa

- Dans une grande poêle antiadhésive, chauffer l'huile à feu moyen-élevé. Ajouter le poulet et cuire, en brisant la viande avec une cuillère, jusqu'à ce qu'elle soit dorée, soit environ 7 à 8 min.
- Ajouter le cumin, l'ail en poudre, l'origan et le piment en flocons. Cuire, en brassant, de 1 à 2 min ou jusqu'à ce qu'une bonne odeur s'en dégage.
- Incorporer les piments, le maïs, l'oignon et les tomates. Porter à ébullition, réduire le feu et laisser mijoter 5 min ou jusqu'à ce que le mélange ait légèrement épaissi.
- Verser le jus de tomate réservé dans un grand bol. Y tremper chacune des tortillas pour les mouiller légèrement. Répartir le mélange de poulet sur les tortillas, puis parsemer chaque tortilla de 2 c. à soupe de fromage.
- Replier chaque tortilla sur la garniture, puis les mettre dans la cocotte légèrement graissée d'une mijoteuse, la couture vers le bas, en plusieurs couches, si nécessaire. Garnir chaque couche de salsa.
- Couvrir et cuire à basse température de 4 à 5 h ou jusqu'à ce que ce soit très chaud et que ça fasse des bulles.
- Parsemer la salsa du reste du fromage. Couvrir et cuire à température élevée de 15 à 20 min ou jusqu'à ce que le fromage fonde.

Pâtes au fromage et au pesto

8 à 10 portions

Grandeur de la mijoteuse : 3,5 à 6 litres (14 à 24 tasses)

Servez ce plat italien délicieusement parfumé avec du Pain à l'ail grillé (voir p. 131) et une salade verte. Si vous voulez lui ajouter de l'éclat, utilisez des pâtes aux couleurs de l'arc-en-ciel.

400 g (4 tasses) de fusilis, de pennes ou de tout autre type de pâtes sèches de petite taille

1 c. à soupe d'huile végétale

450 g (1 lb) de poulet haché ou de dinde hachée, maigre

1 oignon haché

540 ml (19 oz) de tomates étuvées à l'italienne (voir p. 105), en conserve, avec le jus

115 g (½ tasse) de pesto au basilic

15 g (¼ tasse) de persil frais, haché

½ c. à café (½ c. à thé) de sel

¼ c. à café (¼ c. à thé) de poivre noir

30 g (¼ tasse) de parmesan râpé

360 g (3 tasses) de mozzarella râpée ou d'un mélange déjà préparé de trois fromages râpés, au total

- Dans une grande casserole d'eau bouillante salée, cuire les pâtes de 7 à 10 min ou jusqu'à ce qu'elles soient al dente. Les égoutter, puis les remettre dans la casserole.
- Entre-temps, dans une grande poêle antiadhésive, chauffer l'huile à feu moyen-élevé. Ajouter le poulet ou la dinde et cuire, en brisant la viande avec une cuillère, environ 5 min ou jusqu'à ce que la viande soit dorée.
- Égoutter tout le gras de la poêle, puis incorporer l'oignon. Cuire, en brassant souvent, jusqu'à ce que l'oignon soit tendre, soit environ 4 min.
- Ajouter les tomates, le pesto, le persil, le sel et le poivre. Laisser mijoter 5 min.

Vous pouvez aussi rempla-
cer les derniers 180 g
(1 ½ tasse) de mozzarella ou
du mélange de 3 fromages
par 125 g (½ tasse) de
fromage de chèvre émietté.

- Incorporer la sauce aux pâtes avec le parmesan râpé et la moitié de la mozzarella ou du mélange de trois fromages. Bien mélanger, puis transférer dans la cocotte légèrement graissée d'une mijoteuse.
- Couvrir et cuire à basse température de 4 à 6 h ou à température élevée de 2 à 3 h ou jusqu'à ce que ce soit très chaud et que ça fasse des bulles.
- Parsemer du reste du fromage. Couvrir et cuire à température élevée de 15 à 20 min ou jusqu'à ce que le fromage soit fondu.

Le pesto – Donne environ 230 g (1 tasse)
Vous pouvez acheter du pesto au supermarché, mais vous pou-vez également faire votre propre pesto.

Dans un robot culinaire, hachez finement 90 g (2 tasses) de feuilles de basilic frais, bien tassées, 3 gousses d'ail, 60 g (½ tasse) de parmesan râpé, 40 g (¼ tasse) de pignons, ¼ c. à café (¼ c. à thé) de sel et ¼ c. à café (¼ c. à thé) de poivre noir. Pendant que l'appareil est en marche, versez 80 ml (⅓ tasse) d'huile d'olive en un filet mince et continu. Vous pouvez con-server ce pesto au réfrigérateur jusqu'à 3 jours ou au congéla-teur jusqu'à 6 mois.

Chili blanc au poulet

6 à 8 portions

Grandeur de la mijoteuse : 3,5 à 6 litres (14 à 24 tasses)

Ce chili crémeux, qui ressemble à un ragoût, est différent des chilis rouges aux tomates. Néanmoins, les saveurs sont franches, ce qui en fait une délicieuse solution de rechange aux chilis traditionnels. Servez-le avec du riz vapeur (voir p. 73) ou avec du pain.

3 c. à soupe d'huile végétale, au total
900 g (2 lb) de cuisses de poulet désossées, sans la peau
1 oignon finement haché
2 gousses d'ail émincées
1 c. à café (1 c. à thé) de cumin moulu
1 c. à café (1 c. à thé) d'origan séché
½ c. à café (½ c. à thé) de poivre noir
¼ c. à café (¼ c. à thé) de cayenne
284 ml (10 oz) de bouillon de poulet condensé en conserve, non dilué
2 boîtes de 540 ml (19 oz) de haricots blancs en conserve,
   rincés et égouttés, ou 900 g (4 tasses) de haricots blancs
   cuits à la maison (voir p. 147)
2 boîtes de 127 ml (4 ½ oz) de piments verts doux, hachés,
   en conserve, avec le jus
1 c. à café (1 c. à thé) de sel
240 g (1 tasse) de crème sure
125 ml (½ tasse) de crème à fouetter 35 %
120 g (1 tasse) de fromage Monterey Jack râpé

- Dans une grande poêle antiadhésive, chauffer 2 c. à soupe d'huile à feu moyen-élevé. Ajouter le poulet et cuire de 5 à 7 min de chaque côté ou jusqu'à ce qu'il soit doré. Mettre le poulet dans la cocotte d'une mijoteuse.
- Ajouter le reste de l'huile à la poêle et chauffer. Ajouter l'oignon, l'ail, le cumin, l'origan, le poivre et le cayenne. Cuire pendant 3 min, en brassant, ou jusqu'à ce que l'oignon soit tendre. Mettre dans la mijoteuse.
- Verser le bouillon de poulet dans la poêle et porter à ébullition en raclant le fond de la poêle pour enlever tous les petits morceaux qui y ont adhéré. Verser le bouillon dans la mijoteuse sur le poulet.
- Couvrir et cuire à basse température de 5 à 7 h ou à température élevée de 3 à 4 h ou jusqu'à ce que ce soit très chaud, que ça fasse des bulles et que le poulet ne soit plus rosé.
- Retirer le poulet de la mijoteuse et le déchiqueter avec une fourchette. Remettre le poulet dans la mijoteuse. Incorporer les haricots, les piments, le sel, la crème sure et la crème à fouetter.

Pour gagner du temps, utilisez du poulet haché maigre, plutôt que des cuisses de poulet. Réduisez alors la quantité d'huile à 1 c. à soupe, faites dorer la viande dans l'huile avec les épices, puis mettez-la dans la mijoteuse avec le bouillon, les haricots et les piments. Vous n'aurez pas alors à déchiqueter la viande.

- Couvrir et cuire à température élevée de 15 à 20 min ou jusqu'à ce que ce soit très chaud.
- Verser dans des bols de service et parsemer de fromage râpé.

Le riz vapeur – 4 portions

Cette méthode infaillible fonctionne avec plusieurs types de riz, dont le riz basmati, ou avec n'importe quel riz blanc ou brun.

Dans une casserole munie d'un couvercle qui s'ajuste parfaitement, portez 625 ml (2 ½ tasses) d'eau et ¼ c. à café (¼ c. à thé) de sel à ébullition, à feu moyen-élevé. Incorporez 230 g (1 ¼ tasse) de riz. Couvrez et réduisez à feu doux. Faites mijoter le riz blanc 20 min et le riz brun 45 min ou jusqu'à ce que le riz soit tendre et que le liquide ait été absorbé. Aérez avec une fourchette.

Le reste du riz se conserve au réfrigérateur 2 jours ou au congélateur 1 mois.

Ragoût épicé à la dinde à la mode cubaine

4 à 6 portions

Grandeur de la mijoteuse : 3,5 à 6 litres (14 à 24 tasses)

Voici un ragoût très caractéristique des saveurs des Caraïbes. Pour un repas délicieux et nutritif, servez-le avec du riz (voir p. 73).

1 c. à soupe de farine tout usage
½ c. à café (½ c. à thé) de thym séché
½ c. à café (½ c. à thé) de sel
¼ c. à café (¼ c. à thé) de piment de la Jamaïque moulu
¼ c. à café (¼ c. à thé) de gingembre moulu
¼ c. à café (¼ c. à thé) de piment rouge séché, en flocons
Une pincée de muscade moulue
2 cuisses de dinde, soit environ 570 g (1 ¼ lb) chacune, désossées, sans la peau, coupées en morceaux de 2,5 cm (1 po)
2 c. à soupe d'huile végétale
250 ml (1 tasse) de bouillon de poulet, au total
1 patate douce pelée et coupée en cubes de 2,5 cm (1 po)
1 oignon haché
2 boîtes de 540 ml (19 oz) de haricots noirs en conserve, rincés et égouttés ou 750 g (4 tasses) de haricots noirs cuits à la maison (voir p. 147)
250 ml (1 tasse) de jus d'orange
2 c. à café (2 c. à thé) de jus de citron vert
1 poivron rouge, épépiné et grossièrement haché
1 poivron vert, épépiné et grossièrement haché

- Dans un sac en plastique résistant, mettre la farine, le thym, le sel, le piment de la Jamaïque, le gingembre, le piment en flocons et la muscade.
- Mettre dans le sac quelques morceaux de dinde à la fois et remuer pour bien enduire les morceaux de farine. Répéter l'opération pour tous les morceaux.
- Dans une grande poêle antiadhésive, chauffer 1 c. à soupe d'huile à feu moyen-élevé. Cuire quelques morceaux de dinde à la fois, en ajoutant de l'huile si nécessaire, de 5 à 7 min ou jusqu'à ce qu'ils soient dorés de tous les côtés. Répéter l'opération jusqu'à ce que tous les morceaux soient cuits. À l'aide d'une écumoire, mettre la dinde dans la mijoteuse.
- Ajouter 125 ml (½ tasse) de bouillon au poêlon. Porter à ébullition en raclant le fond de la poêle pour enlever tous les petits morceaux qui y ont adhéré. Verser dans la cocotte d'une mijoteuse.

Pour préparer ce plat, procurez-vous des patates sucrées à la chair orange – elles sont plus sucrées et contiennent plus d'humidité que les jaune pâle.

- Mettre la patate douce, l'oignon, les haricots noirs, le jus d'orange et le reste du bouillon dans la mijoteuse. Bien mélanger.
- Couvrir et cuire à basse température de 7 à 9 h ou à température élevée de 3 à 5 h ou jusqu'à ce que les légumes soient tendres et que le ragoût fasse des bulles.
- Ajouter le jus de citron vert et les poivrons. Couvrir et cuire à température élevée de 15 à 20 min ou jusqu'à ce que les poivrons soient tendres.

Comment cuire de la volaille dans une mijoteuse
Les temps de cuisson de la volaille peuvent être plus longs si vous utilisez une grande mijoteuse ou si la proportion de viande brune est élevée. Quand vous avez surtout de la viande blanche, assurez-vous de ne pas trop la cuire. Vérifiez le temps de cuisson minimum.

Roulades de dinde aux épinards et au prosciutto

4 à 6 portions

Grandeur de la mijoteuse : 6 litres (24 tasses)

Surprenez vos invités en leur servant ces roulades de dinde infusées à la sauge. Si vous cultivez de la sauge dans votre jardin, remplacez la sauge séchée par 12 à 15 feuilles de sauge fraîche, hachées.

680 g (1 ½ lb) de suprêmes de dinde, soit environ 6 suprêmes
1 paquet de 300 g (10 oz) d'épinards surgelés, hachés, décongelés et
   bien asséchés
2 c. à soupe de persil frais finement haché
30 g (¼ tasse) de chapelure
3 c. à soupe de parmesan râpé
3 c. à soupe d'amandes grillées, hachées (voir p. 153)
½ c. à café (½ c. à thé) de sauge séchée, au total
½ c. à café (½ c. à thé) de poivre noir, au total
6 fines tranches de prosciutto ou de jambon
¼ c. à café (¼ c. à thé) de sel
¼ c. à café (¼ c. à thé) de paprika
60 ml (¼ tasse) de vin blanc sec
180 ml (¾ tasse) de bouillon de poulet
1 c. à soupe de farine tout usage
2 c. à soupe d'eau

- À l'aide d'un attendrisseur, attendrir les suprêmes de dinde entre 2 feuilles de papier ciré jusqu'à ce qu'ils aient environ 1 cm (½ po) d'épaisseur.
- Dans un bol, mettre les épinards, le persil, la chapelure, le parmesan, les amandes, ¼ c. à café (¼ c. à thé) de sauge et ¼ c. à café (¼ c. à thé) de poivre. Bien mélanger.
- Déposer une tranche de prosciutto sur chaque suprême. Mettre environ 70 g (½ tasse) du mélange d'épinard sur chaque tranche de prosciutto.
- En commençant par l'extrémité la plus étroite, rouler chaque suprême en emprisonnant la farce. Fixer le tout avec un cure-dent.
- Mettre les roulades de dinde dans la cocotte d'une mijoteuse, la couture vers le bas, puis parsemer de sel, du reste du poivre et de paprika. Verser le vin et le bouillon autour de la viande.
- Couvrir et cuire à basse température de 3 à 5 h ou jusqu'à ce que la dinde soit tendre. Retirer les roulades de la mijoteuse et les garder au chaud.
- Dans un petit bol, fouetter la farine, le reste de la sauge et l'eau. Ajouter ce mélange à la mijoteuse et l'incorporer au fouet.

Le prosciutto est un jambon italien fumé dont la saveur est légèrement salée. Assurez-vous d'avoir des tranches aussi minces qu'une feuille de papier. Si vous devez absolument le remplacer, utilisez du jambon Forêt Noire de bonne qualité.

- Couvrir et cuire à température élevée de 10 à 15 min ou jusqu'à ce que le mélange soit épais.
- Retirer les cure-dents et couper les roulades en tranches de 1 cm (½ po) d'épaisseur. Verser de la sauce sur la dinde.

La chapelure maison

Pour faire de la chapelure maison, étendez des tranches de pain sur une surface plane et laissez-les ainsi toute la nuit jusqu'à ce qu'elles soient sèches et que vous puissiez les casser facilement. Brisez le pain en morceaux et mettez-le dans un mélangeur ou un robot culinaire. Faites fonctionner l'appareil jusqu'à ce que le pain soit en miettes très fines.

Balluchons de poulet aux légumes, sauce aux champignons

4 portions

Grandeur de la mijoteuse : 3,5 à 6 litres (14 à 24 tasses)

Si l'on utilise des cuisses de poulet bon marché, on peut préparer un plat familial économique. Mais ces balluchons constituent aussi un plat parfait pour recevoir. Servez-le sur des nouilles cuites ou sur du riz vapeur (voir p. 73).

L'expression française en julienne fait référence aux aliments que l'on coupe en allumettes. Pour faire une julienne de carotte, coupez d'abord la carotte en 2 dans le sens de la largeur, puis coupez les morceaux en lanières.

Achetez des cuisses de poulet en format familial économique. Divisez-les ensuite en portions-repas, emballez-les dans de la pellicule plastique, puis placez-les au congélateur dans des sacs de congélation.

8 cuisses de poulet désossées, sans la peau
1 c. à café (1 c. à thé) de sel
½ c. à café (½ c. à thé) de poivre noir
1 petite carotte pelée et coupée en julienne
½ poivron rouge, épépiné et coupé en 16 lanières
2 oignons verts coupés en fines lanières
170 g (2 tasses) de champignons, en tranches
1 oignon finement haché
½ c. à café (½ c. à thé) de thym séché
½ c. à café (½ c. à thé) de sauge séchée
3 c. à soupe de farine tout usage
385 ml (13 oz) de lait concentré en conserve
1 c. à soupe de persil frais, haché

- Placer le poulet, côté lisse vers le bas, sur un plan de travail. Saler et poivrer. Mettre 2 ou 3 lanières de carotte, 2 lanières de poivron et quelques lanières d'oignon vert le long de l'une des extrémités de chaque cuisse. Enrouler chaque cuisse autour des légumes, puis fixer chacune avec des cure-dents.
- Déposer les petits balluchons de poulet au fond de la cocotte d'une mijoteuse. Parsemer le poulet de champignons, d'oignon, de thym et de sauge.
- Dans une petite casserole, battre la farine dans le lait. Cuire à feu modéré, en brassant constamment, de 5 à 7 min ou jusqu'à ce que le mélange soit épais. Verser dans la mijoteuse, sur le poulet et les légumes.
- Couvrir et cuire à basse température de 6 à 8 h ou jusqu'à ce que la viande ne soit plus rosée. À l'aide d'une écumoire, mettre les balluchons dans une assiette de service. Fouetter la sauce dans la mijoteuse jusqu'à ce qu'elle soit onctueuse, puis la verser sur le poulet. Parsemer de persil haché.

Poitrine de dinde accompagnée de boulgour et de fromage feta

6 portions

Grandeur de la mijoteuse : 4 à 6 litres (20 à 24 tasses)

Vous pouvez vous procurer de petites poitrines de dinde dans la plupart des supermarchés presque toute l'année. Cependant, vous êtes sûrs d'en trouver à l'Action de grâces et à Noël. Mettez-les au congélateur pour un usage ultérieur. Elles se conserveront jusqu'à 6 mois.

1 poitrine de dinde avec les os, soit environ 900 g à 1,1 kg (2 à 2 ½ lb)
½ c. à café (½ c. à thé) de sel
1 ½ c. à café (1 ½ c. à thé) d'origan séché, au total
120 g (1 tasse) de boulgour non cuit
3 c. à soupe de jus de citron
¼ c. à café (¼ c. à thé) de poivre noir
4 oignons verts, en tranches
1 gousse d'ail émincée
284 ml (10 oz) de bouillon de poulet condensé en conserve, non dilué
35 g (¼ tasse) d'olives Calamata dénoyautées (voir p. 29)
40 g (¼ tasse) de fromage feta émietté

- Saupoudrer la poitrine de dinde de sel et de ½ c. à café (½ c. à thé) d'origan.
- Mettre le boulgour, le jus de citron, le poivre, les oignons verts, l'ail, le reste de l'origan et le bouillon dans la cocotte d'une mijoteuse. Déposer ensuite la poitrine sur le mélange de boulgour.
- Couvrir et cuire à basse température de 4 à 8 h ou jusqu'à ce qu'un thermomètre à viande indique 77 °C (170 °F). Retirer la dinde de la mijoteuse et la laisser reposer 5 min avant de la trancher.
- Incorporer les olives et la feta dans le mélange de boulgour. Servir avec la dinde.

Le boulgour
Aliment de base dans la cuisine du Moyen-Orient, le boulgour ou blé concassé est composé de grains de blé cuits à la vapeur, séchés et broyés. Les grains peuvent être gros, moyens ou fins. Et le boulgour est tendre et moelleux.

Ragoût de dinde aux champignons et à la crème

4 à 6 portions

Grandeur de la mijoteuse : 3,5 à 6 litres (14 à 24 tasses)

Voici le plat réconfortant par excellence, et il est tout indiqué pour un repas familial. Tout ce que vous avez besoin d'y ajouter, c'est une belle grande salade verte. Servez-le dans des bols à soupe ou dans des plats peu profonds pour servir les pâtes, puis parsemez le ragoût d'un peu de persil haché pour ajouter couleur et saveur.

Dans ce ragoût, utilisez vos champignons frais préférés. Essayez les champignons cremini ou champignons bruns, les shiitake, les cèpes et les chanterelles.

900 g (2 lb) de cuisses ou de poitrines de dinde désossées, sans la peau, coupées en lanières de 5 x 1 cm (2 x ½ po)
250 ml (1 tasse) de bouillon de poulet
125 ml (½ tasse) de vin rouge sec
1 oignon finement haché
2 c. à soupe de persil frais, haché
½ c. à café (½ c. à thé) de sel
¼ c. à café (¼ c. à thé) de thym séché
¼ c. à café (¼ c. à thé) de poivre noir
3 c. à soupe de fécule de maïs
60 ml (¼ tasse) d'eau
125 g (1 ½ tasse) de champignons frais, en tranches
250 g (8 oz) de linguines cassées en morceaux de 5 cm (2 po)
125 ml (½ tasse) de crème de table 18 %
60 g (½ tasse) de parmesan râpé

- Mettre la dinde, le bouillon, le vin, l'oignon, le persil, le sel, le thym et le poivre dans la cocotte d'une mijoteuse.
- Couvrir et cuire à basse température de 4 à 5 h ou jusqu'à ce que la viande soit tendre et qu'elle ne soit plus rosée.
- Dans un bol ou un bocal (voir p. 179), mélanger la fécule de maïs et l'eau. Incorporer ce liquide ainsi que les champignons au contenu de la mijoteuse. Couvrir et cuire à température élevée pendant 20 min.
- Entre-temps, dans une grande casserole d'eau bouillante salée, cuire les pâtes de 5 à 7 min ou jusqu'à ce qu'elles soient tendres. Bien les égoutter.
- Incorporer la crème, les pâtes et la moitié du parmesan au contenu de la mijoteuse. Couvrir et cuire à température élevée de 5 à 10 min ou jusqu'à ce que ce soit bien chaud.
- Verser dans des assiettes de service et parsemer du reste du fromage.

Ragoût de bœuf à la bière (p. 88)

Poivrons farcis à l'italienne (p. 110)

Wraps au porc et au gingembre (p. 114)

Côtes de porc à la façon de Key West (p. 115)

Crêpe à la dinde à la mexicaine

6 portions

Grandeur de la mijoteuse : 5 à 6 litres (20 à 24 tasses)

Bien sûr, vous pouvez utiliser les restes de la dinde de Noël pour faire des sandwiches et des soupes. Ou encore essayer quelque chose d'un peu différent comme cette crêpe de riz. Quand votre famille y aura goûté, ce plat deviendra l'un de ses préférés.

490 g (2 ½ tasses) de riz cuit, soit environ 140 g (¾ tasse) de riz non cuit
2 œufs légèrement battus
2 c. à soupe de beurre fondu
280 g (2 tasses) de dinde cuite, déchiquetée, ou de poulet
1 oignon, en tranches fines
500 ml (2 tasses) de salsa
65 g (½ tasse) d'olives noires, en tranches
135 g (1 tasse) de cheddar ou de Monterey Jack, râpé
35 g (¼ tasse) de coriandre fraîche, hachée

- Couper un morceau de papier d'aluminium ou de papier parchemin de 60 cm (2 pi) en 2 dans le sens de la longueur. Plier chaque morceau en 2 dans le sens de la longueur, puis entrecroiser les bandes au fond et sur les côtés de la cocotte légèrement graissée d'une mijoteuse.
- Dans un bol, mélanger le riz, les œufs et le beurre, puis verser ce mélange dans la mijoteuse. Parsemer le mélange de riz de dinde, d'oignon, de salsa et d'olives. Le mélange sera alors assez liquide.
- Couvrir et cuire à basse température de 3 à 4 h ou jusqu'à ce que ce soit très chaud et que ça fasse des bulles.
- Parsemer la crêpe de fromage et de coriandre. Couvrir et cuire à température élevée de 10 à 15 min ou jusqu'à ce que le fromage soit fondu. Éteindre la mijoteuse, enlever le couvercle et laisser reposer 5 min.
- Passer un couteau autour de la crêpe, sur les bords de la cocotte. À l'aide des poignées de papier d'aluminium, retirer la crêpe de la mijoteuse.

Le bœuf et le veau

Sauce à la viande

Grandeur de la mijoteuse : 3,5 à 6 litres (14 à 24 tasses)

450 g (1 lb) de bœuf haché, maigre
225 g (½ lb) de porc haché, maigre
2 oignons finement hachés
4 gousses d'ail émincées
1 branche de céleri finement hachée
1 c. à soupe d'assaisonnement à l'italienne (voir p. 36)
796 ml (28 oz) de tomates concassées en conserve, avec le jus
1 carotte pelée et finement hachée
1 poivron rouge, épépiné et finement haché
250 g (3 tasses) de champignons, en tranches
796 ml (28 oz) de sauce tomate en conserve
3 clous de girofle
1 c. à soupe de vinaigre balsamique
2 c. à soupe de beurre (facultatif)

J'ai un bon ami, qui adore faire la cuisine. Il fait de grandes quantités de cette sauce et sa famille peut ensuite en profiter. Servez-la sur des pâtes très chaudes, avec du parmesan râpé.

Sa mère lui a appris qu'il ne devait jamais utiliser de pâte de tomate et toujours ajouter un peu de beurre et de vinaigre, à la fin, pour obtenir une sauce riche et onctueuse.

Vous pouvez remplacer le porc par de la dinde hachée ou utiliser seulement 680 g (1 ½ lb) de bœuf.

Vous pouvez faire à l'avance...
Vous pouvez faire ce plat jusqu'à 24 h avant de le faire cuire. Placez au réfrigérateur le mélange de viande hachée pour le refroidir complètement avant de le mêler aux autres ingrédients. Placez la sauce au réfrigérateur toute la nuit dans la cocotte d'une mijoteuse. La journée suivante, déposez la cocotte dans la mijoteuse et continuez la cuisson tel que mentionné dans la recette.

- Dans une grande poêle antiadhésive, à feu moyen-élevé, mettre la viande hachée, les oignons, l'ail, le céleri et l'assaisonnement à l'italienne. Cuire la viande, en la brisant avec une cuillère, de 8 à 10 min ou jusqu'à ce qu'elle ne soit plus rosée et que les légumes soient tendres. Égoutter et transférer le tout dans la cocotte d'une mijoteuse.
- Ajouter les tomates, la carotte, le poivron rouge, les champignons, la sauce tomate et les clous de girofle au contenu de la mijoteuse. Bien mélanger.
- Couvrir et cuire à basse température de 8 à 10 h ou à température élevée de 4 à 6 h ou jusqu'à ce que ce soit très chaud et que ça fasse des bulles.
- Incorporer le vinaigre et le beurre, si désiré. Couvrir et cuire à température élevée de 5 à 10 min ou jusqu'à ce que le beurre soit complètement fondu.

Burritos au bœuf et aux haricots

4 à 6 portions

Grandeur de la mijoteuse : 3,5 à 6 litres (14 à 24 tasses)

Vous cherchez un plat chaud et substantiel que toute la famille appréciera? Eh bien, en voici la recette. Tout ce que vous aurez à y ajouter, c'est une salade bien croquante.

Vous pouvez faire à l'avance...
Vous pouvez faire ce plat jusqu'à 24 h avant de le faire cuire. Faites cuire le mélange de bœuf haché et faites-le refroidir complètement avant de réunir tous les ingrédients. Placez le mélange au réfrigérateur toute la nuit dans la cocotte d'une mijoteuse. La journée suivante, mettez la cocotte dans la mijoteuse et continuez la cuisson tel que mentionné dans la recette. Vous pouvez aussi cuire toute la garniture. Placez-la au réfrigérateur toute la nuit, puis assemblez les burritos le lendemain. Placez au réfrigérateur jusqu'à ce que ce soit prêt à cuire.

900 g (2 lb) de bœuf haché, maigre
1 oignon finement haché
2 gousses d'ail émincées
1 c. à soupe de chili en poudre
1 c. à café (1 c. à thé) de cumin moulu
398 ml (14 oz) de sauce tomate en conserve
250 ml (1 tasse) de salsa
540 ml (19 oz) de haricots pinto ou romains en conserve, rincés et égouttés ou 375 g (2 tasses) de haricots cuits à la maison (voir p. 147)
220 g (1 tasse) de maïs en grains frais ou surgelé, décongelé
10 à 12 tortillas de farine de 25 cm (10 po)
135 g (1 tasse) de cheddar râpé

- Préchauffer le four à 180 °C (350 °F).
- Dans une grande poêle antiadhésive, à feu moyen-élevé, cuire le bœuf, l'oignon, l'ail, le chili en poudre et le cumin de 8 à 10 min ou jusqu'à ce que ce soit doré, en brisant la viande avec une cuillère. Égoutter tout le gras et transférer la viande dans la cocotte d'une mijoteuse.
- Ajouter la sauce tomate, la salsa, les haricots et le maïs au contenu de la mijoteuse. Bien mélanger.
- Couvrir et cuire à basse température de 6 à 10 h ou à température élevée de 3 à 4 h ou jusqu'à ce que ce soit très chaud et que ça fasse des bulles.
- Répartir le mélange de viande également entre les tortillas, puis les rouler pour obtenir des burritos. Déposer les burritos dans un moule de 33 x 23 cm (13 x 9 po). Parsemer de cheddar râpé.
- Couvrir de papier d'aluminium et cuire au four pendant 20 min ou jusqu'à ce que les burritos soient légèrement dorés.

Pain de viande traditionnel

Grandeur de la mijoteuse : 3,5 à 6 litres (14 à 24 tasses)

Tout le monde raffole du traditionnel pain de viande. Servez-le avec des pommes de terre en purée (voir p. 95 et 133).

Pour pouvoir retirer plus facilement le pain de viande de la mijoteuse, couvrez la cocotte de mousseline à fromage ou de bandes de papier d'aluminium.

1 gros oignon finement haché
2 branches de céleri finement hachées
1 carotte pelée et coupée finement
1 œuf légèrement battu
680 g (1 ½ lb) de bœuf haché, maigre
115 g (1 tasse) de chapelure
125 g (½ tasse) de ketchup
1 c. à soupe d'ail en poudre
¾ c. à café (¾ c. à thé) de thym séché
¾ c. à café (¾ c. à thé) de sel
¾ c. à café (¾ c. à thé) de poivre noir

- Dans un grand bol, mettre l'oignon, le céleri, la carotte, l'œuf, le bœuf, la chapelure, le ketchup, l'ail en poudre, le thym, le sel et le poivre. Bien mêler le mélange de viande avec les mains, le déposer dans la cocotte de la mijoteuse dont le fond est couvert de mousseline à fromage ou de bandes de papier d'aluminium, puis appuyer sur le mélange.
- Couvrir et cuire à basse température de 8 à 10 h ou à température élevée de 4 à 6 h ou jusqu'à ce que le thermomètre à viande indique 77 °C (170 °F). Utiliser les poignées de papier d'aluminium ou la mousseline à fromage pour retirer le pain de viande de la mijoteuse.

Comment faire un pain de viande dans la mijoteuse

Coupez un morceau de papier d'aluminium de 60 cm (2 pi) en 2 dans le sens de la longueur. Pliez ensuite chaque morceau en 2 dans le sens de la longueur en formant 2 longues bandes. Entrecroisez les bandes au fond de la mijoteuse en ramenant les extrémités du papier sur les côtés et en dégageant le bord de la mijoteuse. Déposez le pain de viande directement sur les bandes de papier, puis repliez les extrémités des bandes sous le couvercle. Quand le pain de viande est cuit, enlevez le couvercle et saisissez les extrémités du papier pour retirer le pain de viande de la mijoteuse.

Vous pouvez aussi couvrir la mijoteuse de mousseline à fromage, mais utilisez-en suffisamment pour pouvoir retirer le pain de viande cuit.

Pain de viande farci à la mexicaine

4 à 6 portions

Grandeur de la mijoteuse : 3,5 à 6 litres (14 à 24 tasses)

Voici un plat qui plaît beaucoup à la famille et qui est en quelque sorte un plat tout-en-un. Servez-le avec une salade de maïs et de haricots sur de la laitue émincée avec une quantité supplémentaire de salsa pour accompagner.

Pour faire un changement intéressant, remplacez le cheddar par du Monterey Jack ou par un mélange de fromage pour nachos.

900 g (2 lb) de bœuf haché, maigre
213 ml (7 ½ oz) de sauce tomate en conserve
2 c. à soupe d'assaisonnement à taco
40 g (⅓ tasse) de poivron vert finement haché
55 g (⅓ tasse) d'oignon finement haché
50 g (⅔ tasse) de chips tortillas émiettées, au total
1 œuf légèrement battu
270 g (2 tasses) de cheddar râpé, au total
120 g (½ tasse) de crème sure
1 tomate en tranches
2 c. à soupe de coriandre fraîche, hachée

- Dans un grand bol, mettre le bœuf haché, la sauce tomate, l'assaisonnement à taco, le poivron vert, l'oignon, 40 g (½ tasse) de chips tortillas et l'œuf. Bien mélanger.
- Dans un autre bol, mélanger 200 g (1 ½ tasse) de cheddar et la crème sure.
- Mettre la moitié du mélange de viande dans la cocotte d'une mijoteuse dont le fond est couvert de papier d'aluminium ou de mousseline à fromage (voir p. 86), en faisant un puits au centre du pain de viande. Verser le mélange de crème sure dans le puits. Couvrir du reste du mélange de viande.
- Couvrir et cuire à basse température de 8 à 10 h ou à température élevée de 4 à 6 h ou jusqu'à ce que le thermomètre à viande indique 77 °C (170 °F).
- Parsemer le dessus du pain de viande du reste du fromage. Garnir du reste des chips tortillas, des tranches de tomate et de coriandre.
- Couvrir et cuire à température élevée de 5 à 10 min ou jusqu'à ce que le fromage soit fondu.

Ragoût de bœuf à la bière

4 à 6 portions

Grandeur de la mijoteuse : 3,5 à 6 litres (14 à 24 tasses)

Voici un plat copieux, plein de bons morceaux de légumes et de tendres cubes de bœuf. La viande cuit lentement dans une sauce relevée composée de bière, de bouillon et d'assaisonnement jusqu'à ce qu'elle se défasse à la fourchette. Servez ce ragoût avec du vin rouge, une baguette et... quelques airs de jazz.

Choisissez du bœuf maigre ou enlevez l'excès de gras de la viande avant de l'utiliser. (Parer la viande demande un certain temps, mais le résultat en vaut la peine.)

Pour faire ce ragoût, utilisez vos champignons frais préférés. Les champignons cremini ou champignons bruns, les shiitake, les cèpes et les chanterelles peuvent remplacer tous les champignons de Paris de cette recette ou une partie.

30 g (¼ tasse) de farine tout usage
1 c. à café (1 c. à thé) de sel
½ c. à café (½ c. à thé) de thym séché
½ c. à café (½ c. à thé) de marjolaine séchée
½ c. à café (½ c. à thé) de poivre noir
900 g (2 lb) de bœuf à ragoût, en cubes de 2,5 cm (1 po)
2 c. à soupe d'huile végétale
250 ml (1 tasse) de bière brune, éventée (voir p. 45)
250 ml (1 tasse) de bouillon de bœuf
2 c. à soupe de pâte de tomate
1 c. à soupe de moutarde de Dijon
1 c. à soupe de vinaigre de vin rouge
2 c. à café (2 c. à thé) de sauce Worcestershire
1 gros oignon haché
4 gousses d'ail émincées
230 g (2 tasses) de carottes miniatures
250 g (env. 3 tasses) de champignons de Paris
120 g (½ tasse) de crème sure

- Dans un grand sac de plastique résistant, mettre la farine, le sel, le thym, la marjolaine et le poivre. Mettre quelques morceaux de bœuf à la fois dans le sac, puis remuer le sac pour bien couvrir les morceaux de farine. Répéter l'opération pour tous les autres morceaux de bœuf.
- Dans une grande poêle antiadhésive, à feu moyen-élevé, chauffer 1 c. à soupe d'huile. Cuire quelques morceaux de bœuf à la fois, de 8 à 10 min ou jusqu'à ce qu'ils soient dorés de tous les côtés, en ajoutant de l'huile, si nécessaire. À l'aide d'une écumoire, mettre le bœuf dans la cocotte d'une mijoteuse.
- Verser la bière et le bouillon dans la poêle et porter à ébullition en raclant le fond de la poêle pour enlever les petits morceaux qui y ont adhéré. Verser ensuite ce mélange dans la mijoteuse. Ajouter la pâte de tomate, la moutarde, le vinaigre, la sauce Worcestershire, l'oignon, l'ail, les carottes et les champignons dans la mijoteuse. Mélanger.
- Couvrir et cuire à basse température de 8 à 10 h ou à température élevée de 4 à 6 h ou jusqu'à ce que les légumes soient tendres et que le ragoût fasse des bulles. Incorporer la crème sure juste avant de servir.

Rôti de bœuf braisé au vin

6 à 8 portions

Grandeur de la mijoteuse : 3,5 à 6 litres (14 à 24 tasses)

Le rôti de bœuf est l'un des plats les plus populaires que l'on sert le dimanche. Même si on le fait habituellement cuire au four, cette version pour la mijoteuse est tout à fait délicieuse. Servez-le avec des Pommes de terre grillées (voir p. 123) ou avec des pommes de terre en purée (voir p. 95 et 133).

Faire brunir la viande en améliore la saveur et élimine l'excès de gras. Mais ce n'est pas essentiel pour réussir cette recette, surtout si vous êtes à court de temps.

1 c. à soupe d'huile végétale

1,3 à 1,8 kg (3 à 4 lb) de côtes croisées, désossées, ou de rôti de croupe à braiser

4 carottes pelées et coupées en morceaux de 2,5 cm (1 po)

2 branches de céleri, en tranches

6 gousses d'ail pelées

250 ml (1 tasse) de vin rouge sec

284 ml (10 oz) de consommé de bœuf condensé en conserve, non dilué

1 c. à café (1 c. à thé) de poivre noir en grains

2 feuilles de laurier

½ c. à café (½ c. à thé) de thym séché

- Dans une grande poêle, chauffer l'huile à feu moyen-élevé. Ajouter le rôti et cuire, en le retournant avec des cuillères en bois, de 7 à 10 min ou jusqu'à ce qu'il soit bien doré de tous les côtés.
- Transférer la viande dans la cocotte d'une mijoteuse. Ajouter à la viande les carottes, le céleri, l'ail, le vin, le consommé, le poivre ainsi que les feuilles de laurier et de thym.
- Couvrir et cuire à basse température de 8 à 12 h ou à température élevée de 4 à 6 h ou jusqu'à ce que la viande se défasse à la fourchette.
- Retirer le rôti de la mijoteuse et le laisser reposer 15 min avant de le découper. Dégraisser le bouillon et jeter les feuilles de laurier.
- Pour servir, trancher le bœuf dans le sens contraire à la fibre. Servir avec le bouillon et les légumes.

Rôti aux parfums d'orange et de tomate

6 à 8 portions

Grandeur de la mijoteuse : 3,5 à 6 litres (14 à 24 tasses)

Ce rôti d'inspiration chinoise est un alléchant mélange de saveurs douces et piquantes.

La cuisson à la mijoteuse contribue à attendrir des coupes de viande moins chères comme le rôti à braiser, qui tirera profit d'une cuisson plus longue à basse température. Mais si vous manquez de temps, faites cuire ce rôti à température élevée au moins 4 h pour que la viande se défasse à la fourchette.

1 c. à soupe d'huile végétale

1,3 à 1,8 kg (3 à 4 lb) de côtes croisées de bœuf désossées, de palette ou de pointe de poitrine

125 ml (½ tasse) de sauce Hoisin

213 ml (7 ½ oz) de sauce tomate en conserve

60 ml (¼ tasse) de vinaigre de cidre

2 c. à café (2 c. à thé) de zeste d'orange râpé

60 ml (¼ tasse) de jus d'orange

2 c. à soupe de gingembre frais, râpé ou 1 c. à café (1 c. à thé) de gingembre moulu

2 c. à soupe d'huile de sésame

- Dans une grande poêle, chauffer l'huile à feu moyen-élevé. Ajouter le rôti et cuire de 7 à 10 min ou jusqu'à ce qu'il soit bien doré de tous les côtés, en le retournant avec des cuillères en bois. Transférer la viande dans la cocotte d'une mijoteuse.
- Dans un bol, mélanger la sauce Hoisin, la sauce tomate, le vinaigre, le zeste d'orange, le jus d'orange, le gingembre et l'huile de sésame. Verser ce liquide sur le rôti.
- Couvrir et cuire à basse température de 8 à 12 h ou à température élevée de 4 à 6 h ou jusqu'à ce que la viande se défasse à la fourchette.
- Retirer le rôti de la mijoteuse et le laisser reposer 15 min avant de le découper. Trancher le bœuf dans le sens contraire à la fibre et servir avec le bouillon.

L'huile de sésame

Vous pouvez vous procurer de l'huile de sésame pâle ou foncée. L'huile de sésame pâle est généralement utilisée pour la cuisson et les vinaigrettes. L'huile de sésame foncée a une saveur plus prononcée que celle de l'huile pâle et est habituellement utilisée pour rehausser la saveur et l'arôme d'un plat qui est déjà préparé.

Bœuf au gingembre et au brocoli

4 à 6 portions

Grandeur de la mijoteuse : 3,5 à 6 litres (14 à 24 tasses)

Ce plat ressemble à un plat sauté, mais il est plus facile à préparer. Servez-le avec du riz vapeur (voir p. 73). Pour l'accompagner, passez à votre restaurant asiatique préféré et achetez des pâtés impériaux ou des dumplings. Des biscuits chinois et du thé vert complètent bien ce repas.

Vous pouvez remplacer le brocoli par 280 g (2 tasses) de bok-choï ou de chou frisé, haché.

1 c. à soupe d'huile végétale
1 c. à café (1 c. à thé) d'huile de sésame (facultatif)
450 g (1 lb) de bifteck d'extérieur de ronde, paré et coupé en cubes
    de 1 cm (½ po) ou de tranche de palette
250 ml (1 tasse) de bouillon de bœuf
60 ml (¼ tasse) de sauce soya
1 c. à soupe de xérès sec ou de jus de citron
½ c. à café (½ c. à thé) de pâte de piment asiatique épicée
    ou de piment rouge séché, en flocons
1 petit oignon en tranches
4 gousses d'ail émincées
2 c. à soupe de gingembre frais, râpé
227 ml (8 oz) de châtaignes d'eau en conserve, en tranches,
    rincées et égouttées
1 c. à soupe de fécule de maïs
2 c. à soupe d'eau
4 oignons verts, coupés en morceaux de 2,5 cm (1 po)
100 g (2 tasses) de brocoli haché

- Dans une grande poêle antiadhésive, chauffer l'huile végétale et l'huile de sésame, si désiré, à feu moyen-élevé. Cuire quelques cubes de bœuf à la fois, en brassant, de 5 à 7 min ou jusqu'à ce qu'ils soient bien dorés de tous les côtés. À l'aide d'une écumoire, mettre la viande dans la cocotte d'une mijoteuse. Répéter l'opération pour tous les autres morceaux de bœuf.
- Ajouter le bouillon, la sauce soya, le xérès ou le jus de citron, la pâte de piment ou le piment en flocons, l'oignon, l'ail, le gingembre et les châtaignes d'eau au contenu de la mijoteuse. Bien mélanger.
- Couvrir et cuire à basse température de 8 à 10 h ou à température élevée de 4 à 6 h ou jusqu'à ce que le bœuf soit tendre.
- Dans un petit bol ou dans un bocal (voir p. 179), mélanger la fécule de maïs et l'eau. Verser ce mélange dans la mijoteuse avec les oignons verts et le brocoli.
- Couvrir et cuire à température élevée de 15 à 20 min ou jusqu'à ce que la sauce ait épaissi et que le brocoli soit al dente.

Côtes de bœuf estivales

6 portions

Grandeur de la mijoteuse : 5 à 6 litres (20 à 24 tasses)

Une bonne quantité de sauce sur ces côtes, et voilà l'un des grands plaisirs des beaux jours. Pour obtenir ce plat délicieux, il n'est pas nécessaire de passer du temps devant un barbecue. De plus, votre cuisine demeurera fraîche, car c'est la mijoteuse qui fera tout le travail.

Le bout de côtes de bœuf constitue la coupe de bœuf idéale pour la mijoteuse. Comme elle est passablement grasse, faites-la d'abord griller pour éliminer une partie du gras.

1,3 à 1,8 kg (3 à 4 lb) de bout de côtes ou de haut-de-côtes, charnu
1 c. à café (1 c. à thé) de poivre noir
6 gousses d'ail émincées
250 g (1 tasse) de ketchup
125 ml (½ tasse) d'eau
125 ml (½ tasse) de sirop d'érable
2 c. à soupe de sauce Worcestershire
1 c. à soupe de moutarde de Dijon

- Préchauffer le four à *broil*.
- Déposer les côtes sur une tôle à biscuits ou sur un plateau à grillades, puis les parsemer de poivre. Les mettre au four à 15 cm (6 po) de la source de chaleur de 10 à 15 min ou jusqu'à ce qu'elles soient bien dorées des deux côtés, en les retournant souvent. Les égoutter ensuite sur une assiette couverte de papier essuie-tout.
- Dans un bol, mélanger l'ail, le ketchup, l'eau, le sirop d'érable, la sauce Worcestershire et la moutarde. Mettre les côtes dans la mijoteuse et verser la sauce dessus.
- Couvrir et cuire à basse température de 8 à 12 h ou à température élevée de 4 à 6 h ou jusqu'à ce que les côtes soient tendres. Dégraisser la sauce avant de servir.

Cari au bœuf au lait de coco

6 à 8 portions

Grandeur de la mijoteuse : 3,5 à 6 litres (14 à 24 tasses)

Surprenez vos invités en leur présentant ce ragoût qui est inspiré de la cuisine indienne et de la cuisine asiatique. Servez-le avec du riz basmati vapeur (voir p. 73), du chutney, des raisins secs, des arachides hachées et du pain nan. Pour ajouter un peu de piquant, essayez le cari en poudre de Madras. Vous pouvez vous procurer le cari et le nan dans les épiceries indiennes.

1 c. à soupe d'huile végétale
900 g (2 lb) de bœuf à ragoût, en cubes de 2,5 cm (1 po)
1 c. à soupe de cari en poudre
1 c. à soupe de coriandre moulue
1 c. à café (1 c. à thé) de cumin moulu
1 c. à café (1 c. à thé) de moutarde sèche
1 ½ c. à café (1 ½ c. à thé) de sel
1 c. à café (1 c. à thé) de poivre noir
2 oignons en tranches
1 poivron rouge, épépiné et haché
2 gousses d'ail émincées
1 c. à café (1 c. à thé) de zeste de citron râpé
540 ml (19 oz) de tomates étuvées en conserve, avec le jus
127 ml (4 ½ oz) de piments verts doux, hachés, en conserve, avec le jus
250 ml (1 tasse) de bouillon de bœuf
2 c. à soupe de vinaigre de cidre
250 ml (1 tasse) de lait de coco

- Dans une grande poêle antiadhésive, chauffer l'huile à feu moyen-élevé. Cuire quelques cubes de bœuf à la fois, de 8 à 10 min ou jusqu'à ce qu'ils soient bien dorés de tous les côtés. Répéter l'opération pour tous les autres morceaux de bœuf. Remettre toute la viande dans la poêle.
- Parsemer la viande de cari en poudre, de coriandre, de cumin, de moutarde, de sel et de poivre. Cuire, en brassant, pendant 2 min. Mettre la viande assaisonnée dans la cocotte d'une mijoteuse.
- Mettre les oignons, le poivron, l'ail, le zeste de citron, les tomates, les piments verts, le bouillon et le vinaigre dans la mijoteuse. Bien mélanger.
- Couvrir et cuire à basse température de 8 à 10 h ou à température élevée de 4 à 6 h ou jusqu'à ce que le bœuf soit tendre et que le ragoût fasse des bulles.
- Incorporer le lait de coco. Couvrir et cuire à température élevée pendant 5 min ou jusqu'à ce que ce soit bien chaud.

Ragoût de bœuf aux tomates, bien relevé

6 portions

Grandeur de la mijoteuse : 3,5 à 6 litres (14 à 24 tasses)

Prenez un coussin et une couverture. Ce riche et copieux ragoût de bœuf est le plat rêvé pour un repas au coin du feu. Servez-le avec des Pommes de terre en purée au raifort (voir p. 95).

2 c. à soupe de farine tout usage
1 c. à café (1 c. à thé) de thym séché
½ c. à café (½ c. à thé) de moutarde sèche
½ c. à café (½ c. à thé) de gingembre moulu
900 g (2 lb) de bœuf à ragoût, en cubes de 2,5 cm (1 po)
2 c. à soupe d'huile végétale
250 ml (1 tasse) de vin rouge sec
540 ml (19 oz) de tomates étuvées à l'italienne (voir p. 105),
    en conserve, avec le jus
80 ml (⅓ tasse) de sauce Hoisin
3 carottes pelées et hachées
2 panais pelés et hachés
1 gros oignon haché
2 gousses d'ail émincées
2 feuilles de laurier
Sel et poivre au goût
2 c. à soupe de persil frais, haché

- Dans un grand sac de plastique résistant, mettre la farine, le thym, la moutarde et le gingembre. Mettre quelques morceaux de bœuf à la fois dans le sac, puis remuer le sac pour bien couvrir les morceaux de farine. Répéter l'opération pour tous les autres morceaux de bœuf.
- Dans une grande poêle antiadhésive, chauffer 1 c. à soupe d'huile à feu moyen-élevé. Cuire quelques cubes de bœuf à la fois, en ajoutant de l'huile, si nécessaire, de 8 à 10 min ou jusqu'à ce qu'ils soient bien dorés de tous les côtés. À l'aide d'une écumoire, mettre le bœuf dans la cocotte d'une mijoteuse.
- Ajouter le vin dans la poêle et porter à ébullition en raclant le fond de la poêle pour enlever tous les petits morceaux qui y ont adhéré. Verser ce liquide dans la mijoteuse.
- Mettre les tomates, la sauce Hoisin, les carottes, les panais, l'oignon, l'ail et les feuilles de laurier dans la mijoteuse. Bien mélanger.
- Couvrir et cuire à basse température de 8 à 10 h ou à température élevée de 4 à 6 h ou jusqu'à ce que la viande et les légumes soient tendres et que le ragoût fasse des bulles. Jeter les feuilles de laurier. Saler et poivrer. Garnir de persil pour servir.

Bifteck de ronde au maïs et aux haricots noirs

Savourez ce copieux bifteck avec un panier de tortillas chaudes (voir p. 114). Servez-le avec une quantité supplémentaire de salsa et parsemez-le de coriandre fraîche, hachée.

Modifiez le goût de ce plat tout-en-un en remplaçant les haricots noirs par des haricots pinto. Pour épargner un peu temps, utilisez un mélange de fromage déjà râpé.

6 portions

Grandeur de la mijoteuse : 3,5 à 6 litres (14 à 24 tasses)

680 g (1 ½ lb) de bifteck d'extérieur de ronde mariné et paré
½ c. à café (½ c. à thé) de poivre noir
220 g (1 tasse) de maïs en grains frais ou surgelé, décongelé
540 ml (19 oz) de haricots noirs en conserve, rincés et égouttés ou
   375 g (2 tasses) de haricots cuits à la maison (voir p. 147)
75 g (½ tasse) de coriandre fraîche, hachée
2 branches de céleri, en tranches fines
1 oignon en tranches
500 ml (2 tasses) de salsa
125 ml (½ tasse) de bouillon de bœuf
135 g (1 tasse) de cheddar ou de Monterey Jack, râpé (facultatif)

- Couper les steaks en 6 portions et les poivrer. Les mettre au fond de la cocotte d'une mijoteuse – si vous utilisez une cocotte de 3,5 litres (14 tasses), vous devrez mettre les steaks les uns sur les autres.
- Dans un bol, mélanger le maïs, les haricots, la coriandre, le céleri, l'oignon, la salsa et le bouillon. Verser ce mélange sur le bœuf.
- Couvrir et cuire à basse température de 8 à 10 h ou à température élevée de 4 à 6 h ou jusqu'à ce que le bœuf soit tendre.
- Parsemer de fromage, si désiré. Couvrir et cuire à température élevée de 15 à 20 min ou jusqu'à ce que le fromage soit fondu.

Pommes de terre en purée au raifort – 6 portions
Faites cuire et mettez en purée 900 g (2 lb) de pommes de terre pelées. Incorporez 250 ml (1 tasse) de lait, 2 c. à soupe de beurre, 1 gousse d'ail émincée et 2 c. à soupe de sauce au raifort crémeuse.

Pointe de poitrine à l'oignon et aux canneberges

8 à 10 portions

Grandeur de la mijoteuse : 5 à 6 litres (20 à 24 tasses)

S'il vous est impossible de trouver un rôti de pointe de poitrine, alors, un rôti de côtes croisées ou un rôti de palette feront aussi bien l'affaire. Servez ce plat avec une bonne quantité de Pommes de terre à l'ail en purée (voir p. 133) et un légume vert. Utilisez des canneberges fraîches ou de la gelée en conserve. (Peut-être choisirez-vous de faire fondre d'abord la gelée de canneberges au micro-ondes pour qu'elle se mélange bien aux autres ingrédients.)

**1,3 à 1,8 kg (3 à 4 lb) de rôti de pointe de poitrine,
de rôti de côtes croisées de bœuf ou de rôti de palette**
1 c. à soupe d'huile végétale
398 ml (14 oz) de sauce aux canneberges en gelée, en conserve
1 enveloppe de 40 g (1 ½ oz) de mélange pour soupe à l'oignon
2 gousses d'ail émincées
60 ml (¼ tasse) d'eau
2 c. à soupe de moutarde préparée
Sel et poivre au goût

- Au besoin, couper le rôti en 2 pour qu'il puisse entrer dans la mijoteuse. Dans une grande poêle, chauffer l'huile à feu moyen-élevé. Ajouter la viande et cuire de 7 à 10 min ou jusqu'à ce qu'elle soit bien dorée de tous les côtés, en la retournant avec des cuillères en bois. Mettre la viande dans la cocotte d'une mijoteuse.
- Dans un bol, mélanger la sauce aux canneberges, le mélange pour soupe à l'oignon, l'ail, l'eau et la moutarde. Bien mélanger et verser sur la viande.
- Couvrir et cuire à basse température de 10 à 12 h ou à température élevée de 6 à 8 h ou jusqu'à ce que la viande se défasse à la fourchette. Mettre la viande sur une planche à découper.
- Dégraisser le bouillon. Saler et poivrer. Verser le bouillon dans une saucière. Trancher le rôti, puis le disposer sur une assiette de service. Servir avec du bouillon.

Ragoût de bœuf sauerbraten pour la mijoteuse

6 portions

Grandeur de la mijoteuse : 3,5 à 6 litres (14 à 24 tasses)

Le saurbraten est une spécialité allemande dans laquelle on fait mariner le bœuf de 2 à 3 jours dans une marinade aigre-douce. On fait ensuite dorer le rôti et on le fait mijoter dans la marinade jusqu'à ce qu'il soit tendre. Cette version pour la mijoteuse est prête en une fraction du temps que cela prend pour préparer la recette traditionnelle.

Si vous voulez servir un repas typiquement allemand, servez ce plat avec des spätzles, de toutes petites boulettes de pâte qui accompagnent souvent les plats en sauce dans la cuisine allemande.

Pour émietter des biscuits au gingembre, passez-les au robot culinaire ou au mélangeur ou mettez-les dans un sac de plastique réutilisable. Enlevez tout l'air du sac, puis refermez-le. Écrasez les biscuits avec un rouleau à pâtisserie jusqu'à ce qu'ils soient en miettes.

1 c. à soupe d'huile végétale
900 g (2 lb) de bœuf à ragoût, en cubes de 2,5 cm (1 po)
250 ml (1 tasse) de bouillon de bœuf, au total
2 oignons hachés
4 grosses carottes pelées et coupées en morceaux de 2,5 cm (1 po)
125 ml (½ tasse) de vinaigre de cidre
55 g (¼ tasse) de cassonade bien tassée
2 feuilles de laurier
¼ c. à café (¼ c. à thé) de sel
¼ c. à café (¼ c. à thé) de poivre noir
Une pincée de piment de la Jamaïque
Une pincée de clous de girofle
Env. 60 g (½ tasse) de biscuits au gingembre émiettés
155 g (1 tasse) de haricots verts, surgelés, décongelés et hachés (facultatif)
50 g (¼ tasse) de raisins secs (facultatif)
2 c. à soupe de persil frais, haché

- Dans une grande poêle antiadhésive, chauffer l'huile à feu moyen-élevé. Cuire quelques morceaux de bœuf à la fois de 8 à 10 min ou jusqu'à ce qu'ils soient bien dorés de tous les côtés. Répéter l'opération pour tous les morceaux. À l'aide d'une écumoire, transférer le bœuf dans la cocotte d'une mijoteuse.
- Ajouter 125 ml (½ tasse) de bouillon à la poêle et porter à ébullition en raclant le fond de la poêle pour enlever tous les petits morceaux qui y ont adhéré. Verser ce liquide dans la mijoteuse. Incorporer le reste du bouillon, les oignons, les carottes, le vinaigre, la cassonade, les feuilles de laurier, le sel, le poivre, le piment de la Jamaïque et les clous de girofle.
- Couvrir et cuire à basse température de 8 à 10 h ou à température élevée de 4 à 6 h ou jusqu'à ce que la viande et les carottes soient tendres et que le ragoût fasse des bulles. Jeter les feuilles de laurier.
- Ajouter les biscuits émiettés, les haricots verts et les raisins secs, si désiré. Couvrir et cuire à température élevée pendant 20 min ou jusqu'à ce que les haricots soient tendres. Parsemer de persil.

Paupiettes de bœuf

8 à 10 portions

Grandeur de la mijoteuse : 3,5 à 6 litres (14 à 24 tasses)

Cette recette m'a été offerte par une amie. Elle affirme qu'elle provient d'un vieux livre de cuisine qui était dans un presbytère, mais qu'elle a été modifiée au fil des ans. Elle la sert toujours avec des pommes de terre en purée (voir p. 95 et 133) et un légume vert. Si vous avez des cornichons à l'aneth aromatisés à l'ail, servez-en avec ce plat.

Si les tranches de steak sont grandes, après avoir été attendries, coupez les paupiettes en 2 avant de les mettre dans la mijoteuse. Chaque paupiette devrait avoir environ 10 cm (4 po) de long.

900 g (2 lb) de bifteck d'intérieur de ronde coupé en 8 à 10 tranches
450 g (1 lb) de bacon finement haché
8 gousses d'ail émincées
135 g (½ tasse) de moutarde de Dijon
1 oignon doux finement haché
240 g (1 tasse) de cornichons à l'aneth finement hachés
2 c. à soupe d'huile végétale
Eau

LA SAUCE
30 g (¼ tasse) de farine tout usage
60 ml (¼ tasse) d'eau
1 c. à soupe de sauce Worcestershire
Sel et poivre au goût

- Avec un attendrisseur, aplatir les tranches de steak jusqu'à ce qu'elles aient 0,3 cm (⅛ po) d'épaisseur. Couper les extrémités inégales, si nécessaire.
- Dans une grande poêle antiadhésive, à feu moyen-élevé, cuire le bacon, en brassant de temps en temps, de 8 à 10 min ou jusqu'à ce qu'il soit tendre, mais pas croustillant. Égoutter et laisser refroidir. Jeter le gras de la poêle.
- Déposer les tranches de bœuf sur une planche à découper, puis enduire chacune d'environ ½ c. à café (½ c. à thé) d'ail émincé. Étendre sur chacune une grosse cuillerée à soupe de moutarde de Dijon. Parsemer de bacon, d'oignon et de cornichons en s'assurant que la garniture soit à 1 cm (½ po) du bord de la viande.
- En commençant par le côté le plus étroit, rouler chaque tranche pour emprisonner la garniture. Fixer chaque paupiette avec un cure-dent.
- Verser 1 c. à soupe d'huile dans la poêle et chauffer à feu moyen-élevé. Y déposer quelques paupiettes à la fois et cuire environ 5 min ou jusqu'à ce qu'elles soient bien dorées de tous les côtés, en ajoutant de l'huile, au besoin. Mettre la viande dans la cocotte d'une mijoteuse, la couture vers le bas. Y verser suffisamment d'eau pour couvrir les paupiettes.

Paupiettes de champignons et de poivrons verts

Pour faire cette variante, ne mettez pas de cornichons à l'aneth. Après avoir cuit le bacon, faites cuire 85 g (1 tasse) de champignons finement hachés et 60 g (½ tasse) de poivrons verts finement hachés dans le gras de cuisson du bacon. Ajoutez-les à la farce avant de faire les paupiettes.

- Couvrir et cuire à basse température de 8 à 10 h ou à température élevée de 4 à 6 h ou jusqu'à ce que ce soit tendre. À l'aide d'une écumoire, retirer délicatement les paupiettes, les déposer dans un plat de service et les garder au chaud.
- Pour faire la sauce, filtrer 500 ml (2 tasses) du jus de cuisson de la mijoteuse dans une casserole. Jeter le reste du liquide.
- Dans un bol, fouetter la farine et l'eau jusqu'à ce que le mélange soit onctueux. Incorporer ce mélange au contenu de la mijoteuse. Porter à ébullition à feu élevé et laisser mijoter de 5 à 7 min ou jusqu'à ce que le mélange ait épaissi, en fouettant constamment. Ajouter la sauce Worcestershire, le sel et le poivre.
- Verser la sauce sur les paupiettes, dans le plat de service, ou servir à part dans une saucière.

Les oignons doux
Les oignons doux comme le Vidalia, le Maui et le Walla Walla sont juteux. S'il vous est impossible de trouver ces types d'oignon, utilisez des oignons espagnols ou des oignons rouges.

Sandwiches barbecue au bœuf

8 portions

Grandeur de la mijoteuse : 3,5 à 6 litres (14 à 24 tasses)

Les sandwiches chauds n'auront jamais été aussi faciles à préparer. Vous n'avez qu'à mélanger les ingrédients de la sauce et à la verser dans la mijoteuse sur la viande. Assurez-vous de faire griller les pains pour ne pas qu'ils deviennent mous. Vous pouvez aussi servir le bœuf seul, en rôti.

N'utilisez pas de cola diète ici, car cela donnerait au plat un arrière-goût.

L'arôme de fumée liquide est, comme le dit l'expression, du liquide mélangé à de la fumée. Si on en badigeonne les aliments ou qu'on l'incorpore à un plat, cela leur donne une petite saveur de fumée ou de hickory. Vous en trouverez au supermarché, dans la section des condiments.

1,3 à 1,8 kg (3 à 4 lb) de côtes croisées de bœuf ou de palette
1 c. à café (1 c. à thé) de sel
½ c. à café (½ c. à thé) de poivre noir
1 c. à soupe d'huile végétale
500 g (2 tasses) de ketchup
355 ml (12 oz) de cola en canette
60 ml (¼ tasse) de sauce Worcestershire
2 c. à soupe de moutarde préparée
2 c. à soupe d'arôme de fumée liquide
¼ c. à café (¼ c. à thé) de sauce au piment rouge ou 1 piment jalapeño, épépiné et finement haché
8 petits pains empereur (kaisers), grillés

- Saler et poivrer le rôti de tous les côtés.
- Dans une grande poêle antiadhésive, chauffer l'huile à feu moyen-élevé. Ajouter la viande et cuire, en la retournant à l'aide de cuillères en bois, de 7 à 10 min ou jusqu'à ce qu'elle soit bien dorée de tous les côtés. Mettre la viande dans la cocotte d'une mijoteuse.
- Dans un bol, mélanger le ketchup, le cola, la sauce Worcestershire, la moutarde, l'arôme de fumée liquide et la sauce au piment ou le piment jalapeño. Verser la sauce sur le rôti.
- Couvrir et cuire à basse température de 10 à 12 h ou à température élevée de 4 à 6 h ou jusqu'à ce que la viande se défasse à la fourchette.
- Retirer la viande de la mijoteuse et la laisser refroidir 10 min avant de la découper. Dégraisser la sauce. Mettre la viande sur la partie inférieure d'un petit pain, ajouter 1 c. à soupe de sauce et couvrir de l'autre partie du pain. Servir avec une quantité de sauce supplémentaire pour que les invités puissent faire trempette.

Lasagne facile à préparer

Grandeur de la mijoteuse : 3,5 à 6 litres (14 à 24 tasses)

Cette version de lasagne pour la mijoteuse est une autre recette de ma voisine. Ce plat a le même bon goût que la lasagne cuite au four, mais il est beaucoup plus facile à faire.

Vous pouvez remplacer le bœuf haché par de la saucisse italienne douce. Réduisez alors la quantité de basilic et d'origan à ¼ c. à café (¼ c. à thé) chacun.

8 pâtes à lasagne sèches, coupées en petits morceaux
680 g (1 ½ lb) de bœuf haché, maigre
1 oignon finement haché
2 gousses d'ail émincées
796 ml (28 oz) de tomates concassées en conserve, avec le jus
2 c. à soupe de pâte de tomate
2 c. à café (2 c. à thé) de sucre cristallisé
2 c. à soupe de persil frais, haché
½ c. à café (½ c. à thé) de basilic séché
½ c. à café (½ c. à thé) d'origan séché
230 g (1 tasse) de fromage cottage à la crème
240 g (2 tasses) de mozzarella râpée
½ c. à café (½ c. à thé) de poivre noir
60 g (½ tasse) de parmesan râpé

- Dans un grand contenant d'eau bouillante salée, cuire les nouilles de 5 à 7 min jusqu'à ce qu'elles soient al dente. Les égoutter, puis les rincer à l'eau froide.
- Dans une grande poêle antiadhésive, à feu moyen-élevé, cuire le bœuf haché, l'oignon et l'ail pendant 7 min ou jusqu'à ce que la viande ne soit plus rosée, en la brisant avec une cuillère. À l'aide d'une écumoire, mettre le mélange de viande dans la cocotte d'une mijoteuse.
- Dans un bol, mélanger les tomates, la pâte de tomate, le sucre, le persil, le basilic et l'origan. Ajouter ce mélange à la mijoteuse avec le fromage cottage, la mozzarella, le poivre et les nouilles. Bien mélanger.
- Couvrir et cuire à basse température de 6 à 8 h ou à température élevée de 3 à 4 h ou jusqu'à ce que ce soit très chaud et que ça fasse des bulles.
- Parsemer de fromage parmesan. Couvrir et cuire à température élevée pendant 10 min ou jusqu'à ce que le fromage soit fondu.

Une montagne de tortillas

4 à 6 portions

Grandeur de la mijoteuse : 5 à 6 litres (20 à 24 tasses)

L'enchilada, cette spécialité mexicaine, est une tortilla enroulée autour d'une farce de viande, de légumes ou de fromage. On fait ensuite chauffer les tortillas, puis on les garnit de sauce tomate et de fromage. Dans cette recette, j'ai simplifié un peu la préparation. Les tortillas sont simplement déposées en couches et séparées par de la farce à la viande assaisonnée, des haricots, du fromage et de la crème sure.

680 g (1 ½ lb) de bœuf haché, maigre
1 oignon finement haché
4 gousses d'ail émincées
4 c. à café (4 c. à thé) de chili en poudre
½ c. à café (½ c. à thé) d'origan séché
¼ c. à café (¼ c. à thé) de sel
Une pincée de cayenne
540 ml (19 oz) de haricots rouges ou noirs en conserve, rincés et égouttés ou
    375 g (2 tasses) de haricots cuits à la maison (voir p. 147)
220 g (1 tasse) de maïs en grains frais ou surgelé, décongelé
250 ml (1 tasse) de salsa, au total
4 tortillas de maïs ou de farine de 25 cm (10 po)
135 g (1 tasse) de cheddar râpé, au total
2 c. à soupe de piment jalapeño mariné, en tranches
120 g (½ tasse) de crème sure

- Dans une grande poêle antiadhésive, cuire le bœuf haché, l'oignon et l'ail à feu moyen-élevé de 5 à 7 min ou jusqu'à ce que la viande ne soit plus rosée, en brisant la viande avec une cuillère.
- Ajouter le chili en poudre, l'origan, le sel et le cayenne à la poêle et cuire, en brassant, pendant 2 min.
- Dans un bol, mettre les haricots en purée. Incorporer le maïs et 60 ml (¼ tasse) de salsa.
- Déposer une tortilla au fond de la cocotte légèrement graissée d'une mijoteuse. Étendre le tiers du mélange de bœuf sur la tortilla, puis le tiers du mélange de salsa et de haricots, le quart du fromage et le tiers des tranches de piment jalapeño. Répéter l'opération et faire encore deux couches. Garnir de la tortilla qui reste, puis étendre le reste de la salsa par-dessus.

Servez ce plat avec des tranches de tomates fraîches ou avec une salade verte, des radis et des quartiers d'orange.

Vous pouvez remplacer le bœuf haché par 180 g (1 ½ tasse) de poulet cuit, déchiqueté.

Vous trouverez des piments jalapeños marinés au supermarché, au rayon des produits mexicains.

- Couvrir et cuire à température élevée de 2 à 3 h ou jusqu'à ce que ce soit bien chaud.
- Étendre la crème sure sur les tortillas et parsemer du reste du fromage.
- Couvrir et cuire à température élevée pendant 15 min ou jusqu'à ce que le fromage fonde.
- Laisser reposer 10 min avant de servir. Retirer de la mijoteuse à l'aide d'une spatule et trancher.

Les légumes surgelés
Habituellement, il faut décongeler les légumes surgelés avant de les mettre dans la mijoteuse. Si vous les ajoutez quand ils sont encore surgelés, cela fera diminuer la température de cuisson. Faites-les décongeler toute la nuit au frigo ou rincez-les sous l'eau froide pour qu'ils se séparent. Égouttez-les bien ensuite.

Tarte aux spaghettis et au chili

6 à 8 portions

Grandeur de la mijoteuse : 5 à 6 litres (20 à 24 tasses)

La tarte aux spaghettis a été créée pour utiliser les restes de spaghettis cuits. Cette recette rassemble deux choses dont les familles raffolent, le spaghetti et le chili.

Les haricots qu'elle contient sont une excellente source de fibres.

LA PÂTE
250 g (8 oz) de spaghettis non cuits
1 œuf légèrement battu
60 g (¼ tasse) de beurre fondu
40 g (⅓ tasse) de parmesan râpé
1 c. à café (1 c. à thé) de chili en poudre

LA GARNITURE
450 g (1 lb) de bœuf haché, maigre
1 oignon finement haché
398 ml (14 oz) de fèves au lard dans la sauce tomate, en conserve
540 ml (19 oz) de tomates étuvées à l'italienne en conserve, avec le jus
1 c. à café (1 c. à thé) de chili en poudre
½ c. à café (½ c. à thé) de poivre noir
240 g (2 tasses) de fromage Monterey Jack râpé, au total

- Pour faire la pâte : cuire les spaghettis dans une grande casserole d'eau bouillante salée de 6 à 8 min ou jusqu'à ce qu'ils soient al dente. Les égoutter, puis bien les rincer sous l'eau froide.
- Dans un grand bol, mélanger l'œuf, le beurre fondu, le parmesan et le chili en poudre. Ajouter les spaghettis et remuer pour bien les enduire du mélange. Verser dans la cocotte légèrement graissée d'une mijoteuse, en poussant légèrement le mélange vers le haut, sur les côtés de la cocotte.
- Pour faire la garniture : dans une grande poêle antiadhésive, à feu moyen-élevé, cuire le bœuf haché et l'oignon de 5 à 7 min ou jusqu'à ce que la viande ne soit plus rosée, en brisant la viande avec une cuillère. Égoutter tout le gras.
- Ajouter à la poêle les fèves au lard, les tomates, le chili en poudre et le poivre. Cuire, en brassant, pendant 2 min ou jusqu'à ce que ce soit très chaud. Incorporer la moitié du fromage.
- Verser le mélange de viande et de fèves au lard dans la cocotte couverte de la pâte de spaghettis.

Vous pouvez faire ce plat jusqu'à 24 h avant de le faire cuire. Mettez au réfrigérateur la pâte et la garniture séparément avant de réunir tous les ingrédients. Placez au réfrigérateur toute la nuit dans la cocotte d'une mijoteuse. La journée suivante, déposez la cocotte dans la mijoteuse et continuez la cuisson tel que mentionné dans la recette.

- Couvrir et cuire à basse température de 4 à 6 h ou jusqu'à ce que ce soit très chaud et que ça fasse des bulles.
- Parsemer le dessus de la tarte avec reste de fromage. Couvrir et cuire à température élevée de 20 à 30 min ou jusqu'à ce que le fromage fonde.

Comment cuire de la viande hachée dans une mijoteuse

Il faut toujours s'assurer que la viande hachée est complètement cuite avant de l'ajouter dans la mijoteuse. De la viande hachée crue froide prend trop de temps avant d'atteindre une température sécuritaire. (Cuire et égoutter la viande au départ est une excellente façon d'éliminer l'excès de gras et le liquide qui s'accumule pendant la cuisson.)

Les tomates italiennes

Vous pouvez remplacer les 540 ml (19 oz) de tomates étuvées à l'italienne en conserve par des tomates étuvées ordinaires et leur ajouter ½ c. à café (½ c. à thé) d'assaisonnement à l'italienne ou un mélange de basilic, d'origan et de thym, séchés (voir p. 36).

Bœuf barbecue au chili

10 à 12 portions

Grandeur de la mijoteuse : 5 à 6 litres (20 à 24 tasses)

Cette recette a été créée pour rassasier toute une bande de joyeux affamés, car elle est conçue pour donner au moins 10 bonnes grosses portions. C'est le plat idéal pour une soirée de football ou de patinage. Ajouter du cayenne pour un peu plus de piquant.

Vous pouvez remplacer les haricots blancs ou les haricots Great Northern par n'importe quel autre type de haricot. Essayez les haricots pinto, les haricots rouges ou les haricots noirs.

Vous pouvez faire à l'avance...
Vous pouvez faire ce plat une journée à l'avance. En fait, le laisser reposer 24 h en améliore la saveur. Faites cuire la viande, déchiquetez-la et faites-la refroidir complètement avant de la remettre dans la mijoteuse. Placez au réfrigérateur toute la nuit. La journée suivante, ajoutez les haricots et faites cuire à température élevée de 1 à 2 h ou jusqu'à ce que ce soit très chaud et que ça fasse des bulles.

2 c. à soupe de chili en poudre
1 c. à soupe d'ail en poudre
2 c. à café (2 c. à thé) de graines de céleri
1 c. à café (1 c. à thé) de poivre noir
¼ c. à café (¼ c. à thé) de cayenne
1,3 à 1,8 kg (3 à 4 lb) de rôti à braiser,
    de côtes croisées, de croupe ou de pointe de poitrine, désossé
1 petit oignon haché
500 g (2 tasses) de sauce chili
250 g (1 tasse) de ketchup
125 ml (½ tasse) de sauce barbecue
75 g (⅓ tasse) de cassonade bien tassée
60 ml (¼ tasse) de vinaigre de cidre
60 ml (¼ tasse) de sauce Worcestershire
1 c. à café (1 c. à thé) de moutarde sèche
2 boîtes de 540 ml (19 oz) de haricots Great Northern
    ou de haricots blancs en conserve, rincés et égouttés
    ou 900 g (4 tasses) de haricots cuits à la maison (voir p. 147)

- Dans un petit bol, mélanger le chili en poudre, l'ail en poudre, les graines de céleri, le poivre et le cayenne.
- Couper le rôti en 4, puis frotter les morceaux de tous les côtés du mélange d'assaisonnement. Les mettre ensuite dans la cocotte d'une mijoteuse.
- Dans un bol, mélanger l'oignon, la sauce chili, le ketchup, la sauce barbecue, la cassonade, le vinaigre, la sauce Worcestershire et la moutarde. Verser sur la viande.
- Couvrir et cuire à basse température de 8 à 10 h ou à température élevée de 4 à 5 h ou jusqu'à ce que la viande se défasse à la fourchette.
- À l'aide d'une écumoire, transférer les morceaux de viande dans un grand bol. Déchiqueter la viande avec 2 fourchettes.
- Dégraisser la sauce. Remettre la viande dans la mijoteuse, puis ajouter les haricots. Couvrir et cuire à basse température pendant 1 h ou jusqu'à ce que ce soit bien chaud.

Chili et ses airs de pizza au pepperoni

6 à 8 portions

Grandeur de la mijoteuse : 3,5 à 6 litres (14 à 24 tasses)

Voici tous les ingrédients préférés des enfants réunis dans un chili. Servez ce plat avec du pain italien et de la salade César.

Vous pouvez remplacer le bœuf haché par la même quantité de dinde hachée maigre ou de poulet haché. Vous pouvez aussi remplacer la mozzarella par un mélange de fromage à pizza déjà râpé.

Si vos enfants aiment les mets italiens, mais qu'ils les préfèrent nature, ne mettez pas de champignons ni de poivron rouge, réservez-les pour les adultes.

Vous pouvez faire à l'avance…
Vous pouvez faire ce plat jusqu'à 24 h avant de le faire cuire. Placez au réfrigérateur la viande et les légumes séparément. Puis préparez le plat et mettez-le au réfrigérateur toute la nuit dans la cocotte d'une mijoteuse. La journée suivante, déposez la cocotte dans la mijoteuse et continuez la cuisson, tel que mentionné dans la recette.

450 g (1 lb) de bœuf haché, maigre
2 gousses d'ail émincées
540 ml (19 oz) de haricots pinto ou romains en conserve, rincés et égouttés ou 375 g (2 tasses) de haricots cuits à la maison (voir p. 147)
213 ml (7 ½ oz) de sauce à pizza en conserve
540 ml (19 oz) de tomates étuvées à l'italienne en conserve (voir p. 105), avec le jus
213 ml (7 ½ oz) de sauce tomate en conserve
125 g (4 oz) de pepperoni en tranches
85 g (1 tasse) de champignons, en tranches
1 poivron rouge, épépiné et finement haché
1 c. à café (1 c. à thé) d'assaisonnement à l'italienne (voir p. 36)
½ c. à café (½ c. à thé) de sel
60 g (½ tasse) de mozzarella râpée

- Dans une grande poêle antiadhésive, cuire le bœuf et l'ail à feu moyen-élevé de 5 à 7 min ou jusqu'à ce que la viande ne soit plus rosée, en brisant la viande avec une cuillère. À l'aide d'une écumoire, mettre la viande dans la cocotte d'une mijoteuse.
- Incorporer les haricots, la sauce à pizza, les tomates, la sauce tomate, le pepperoni, les champignons, le poivron, l'assaisonnement à l'italienne et le sel au contenu de la mijoteuse.
- Couvrir et cuire à basse température de 8 à 10 h ou à température élevée de 4 à 5 h ou jusqu'à ce que ce soit très chaud et que ça fasse des bulles.
- Verser le chili dans des bols individuels et garnir de mozzarella.

Bœuf en cubes bien épicé

6 à 8 portions

Grandeur de la mijoteuse : 3,5 à 6 litres (14 à 24 tasses)

Attention, attention! Ce plat copieux réjouira tous ceux qui aiment les plats bien relevés. Du pain croûté et de la bière fraîche compléteront le tout.

2 c. à soupe d'huile végétale
900 g (2 lb) de bœuf à ragoût, en cubes de 2,5 cm (1 po)
2 c. à soupe de chili en poudre
Une pincée de cumin moulu
70 g (½ tasse) de piment banane fort, mariné
   (la queue et les graines enlevées), égoutté et haché
1 oignon haché
3 gousses d'ail émincées
1 piment jalapeño ou banane frais, épépiné et haché
540 ml (19 oz) de tomates étuvées à l'italienne (voir p. 105),
   en conserve, avec le jus
156 ml (5 ½ oz) de pâte de tomate en conserve
540 ml (19 oz) de haricots rouges en conserve,
   rincés et égouttés ou 375 g (2 tasses) de haricots cuits
   à la maison (voir p. 147)
127 ml (4 ½ oz) de piments verts doux, hachés, en conserve, avec le jus
1 c. à café (1 c. à thé) de sauce au piment rouge
1 c. à café (1 c. à thé) de sel

- Dans une grande poêle antiadhésive, chauffer 1 c. à soupe d'huile à feu moyen-élevé. Ajouter quelques cubes de bœuf à la fois et cuire, en brassant, de 8 à 10 min ou jusqu'à ce qu'ils soient bien dorés de tous les côtés, en ajoutant de l'huile, au besoin. Répéter l'opération jusqu'à ce que tous les cubes soient cuits. Remettre tout le bœuf dans la poêle.
- Ajouter le chili en poudre et le cumin à la poêle et cuire, en brassant, pendant 1 min. À l'aide d'une écumoire, mettre la viande dans la cocotte d'une mijoteuse.
- Incorporer au contenu de la mijoteuse le piment banane mariné, l'oignon, l'ail, le piment jalapeño ou banane frais, les tomates, la pâte de tomate, les haricots, les piments verts, la sauce au piment rouge et le sel. Bien mélanger.
- Couvrir et cuire à basse température de 8 à 10 h ou à température élevée de 4 à 6 h ou jusqu'à ce que la viande soit tendre et que le ragoût soit très chaud et fasse des bulles. Goûter et ajouter plus de sauce au piment rouge, si désiré.

Ragoût de veau au vin rouge et aux poivrons

6 portions

Grandeur de la mijoteuse : 3,5 à 6 litres (14 à 24 tasses)

Dans ce ragoût d'inspiration italienne, les morceaux de veau cuisent dans une riche sauce tomate assaisonnée d'ail et de sauge. Le goût vinaigré des câpres contraste avec la douceur des poivrons. Servez ce plat sur des nouilles aux œufs avec une bouteille de vin rouge.

30 g (¼ tasse) de farine tout usage
1 c. à café (1 c. à thé) de sel
½ c. à café (½ c. à thé) de poivre noir
900 g (2 lb) de veau à ragoût, en cubes de 2,5 cm (1 po)
2 c. à soupe d'huile végétale
2 c. à soupe de beurre
3 gousses d'ail pelées et broyées
180 ml (¾ tasse) de vin rouge sec
540 ml (19 oz) de tomates étuvées à l'italienne (voir p. 105), en conserve, avec le jus
1 c. à café (1 c. à thé) de sauge séchée
2 poivrons rouges, épépinés et coupés en morceaux de 2,5 cm (1 po)
2 c. à soupe de câpres égouttées

- Dans un grand sac de plastique résistant, mettre la farine, le sel et le poivre. Mettre quelques morceaux de veau à la fois dans le sac, puis remuer le sac pour bien couvrir les morceaux de farine. Répéter l'opération pour tous les autres morceaux de veau.
- Dans une grande poêle antiadhésive, chauffer 1 c. à soupe d'huile et 1 c. à soupe de beurre à feu moyen-élevé. Ajouter l'ail. Cuire, en brassant, pendant 1 min. À l'aide d'une écumoire, mettre l'ail dans la cocotte d'une mijoteuse.
- Ajouter à la poêle quelques cubes de veau à la fois et cuire 6 min ou jusqu'à ce qu'ils soient bien dorés de tous les côtés, en ajoutant de l'huile et du beurre, au besoin. Répéter l'opération jusqu'à ce que tous les cubes soient cuits. À l'aide d'une écumoire, mettre le veau dans la mijoteuse.
- Verser le vin dans la poêle. Porter à ébullition en raclant le fond de la poêle pour enlever tous les petits morceaux qui y ont adhéré. Verser ce liquide dans la mijoteuse. Incorporer les tomates et la sauge au contenu de la mijoteuse. Bien mélanger.
- Couvrir et cuire à basse température de 8 à 10 h ou à température élevée de 4 à 6 h ou jusqu'à ce que la viande soit tendre.

Poivrons farcis à l'italienne

6 portions

Grandeur de la mijoteuse : 6 litres (24 tasses)

Les poivrons farcis sont un plat classique de la cuisine à la mijoteuse. Ils se préparent en un clin d'œil et vous aurez une nouvelle recette à présenter à votre famille. Il est préférable d'utiliser une mijoteuse de forme ovale pour que les poivrons puissent y entrer en une seule couche.

Si l'on fait un trou dans la base du poivron, c'est pour permettre à l'humidité et à la vapeur de pénétrer, ce qui favorise une cuisson uniforme.

Vous pouvez remplacer le veau par de la dinde hachée ou par du poulet, mais il faut alors augmenter la quantité de poivre à ½ c. à café (½ c. à thé).

6 poivrons (petits ou moyens) rouges, jaunes et/ou verts, le dessus enlevé, évidés et épépinés
450 g (1 lb) de veau haché, maigre
290 g (1 ½ tasse) de riz cuit, soit environ 90 g (½ tasse) non cuit
2 œufs légèrement battus
2 gousses d'ail émincées
40 g (⅓ tasse) de parmesan râpé
2 c. à soupe de persil frais finement haché
½ c. à café (½ c. à thé) de sel
¼ c. à café (¼ c. à thé) de poivre noir
250 ml (1 tasse) de sauce tomate en conserve

- Faire un petit trou dans la base de chaque poivron.
- Dans un bol, mélanger le veau, le riz, les œufs, l'ail, le parmesan, le persil, le sel et le poivre. Mettre le mélange de viande dans les poivrons. Ne pas presser le mélange.
- Placer les poivrons à la verticale dans la cocotte de la mijoteuse. Répartir la sauce tomate également sur le dessus des poivrons farcis.
- Couvrir et cuire à basse température de 4 à 5 h ou jusqu'à ce que les poivrons soient tendres et que le thermomètre à viande indique 77 °C (170 °F).

Le porc et l'agneau

Ragoût de porc au cidre

6 portions

Grandeur de la mijoteuse : 3,5 à 6 litres (14 à 24 tasses)

L'acidité du vinaigre et la douceur de l'oignon font bon ménage dans ce plat facile à préparer. Servez-le avec des Pommes de terre à l'ail en purée (voir p. 133) ou avec du riz vapeur (voir p. 73).

Ragoût de porc à l'orange et au fenouil
Remplacez le thym par 2 c. à café (2 c. à thé) de graines de fenouil broyées. Remplacez le cidre par 250 ml (1 tasse) de jus d'orange concentré. Ajoutez au contenu de la mijoteuse 2 c. à soupe de gingembre râpé avec les poivrons. Omettez les feuilles de laurier et garnissez de tranches d'orange, plutôt que de tranches de pomme.

2 oignons en tranches
4 gousses d'ail émincées
40 g (⅓ tasse) de farine tout usage
1 c. à soupe de thym séché
1 c. à café (1 c. à thé) de sel
½ c. à café (½ c. à thé) de poivre noir
1,8 kg (4 lb) de rôti de soc de porc désossé,
      le surplus de gras enlevé, coupé en cubes de 2,5 cm (1 po)
60 ml (¼ tasse) d'huile végétale
250 ml (1 tasse) de cidre
60 ml (¼ tasse) de vinaigre de cidre
2 feuilles de laurier
2 poivrons rouges, épépinés et hachés grossièrement
1 pomme rouge, non pelée, en tranches fines
1 c. à soupe de persil frais, haché

- Mettre les oignons et l'ail dans la cocotte d'une mijoteuse.
- Dans un grand sac de plastique résistant, mettre la farine, le thym, le sel et le poivre. Mettre quelques morceaux de porc à la fois dans le sac, puis remuer le sac pour bien couvrir les morceaux de farine. Répéter l'opération pour tous les autres morceaux de porc.
- Dans une grande poêle antiadhésive, chauffer 2 c. à soupe d'huile à feu moyen-élevé. Cuire quelques morceaux de porc à la fois de 8 à 10 min ou jusqu'à ce que la viande soit bien dorée de tous les côtés, en ajoutant de l'huile au besoin. Répéter l'opération jusqu'à ce que toute la viande soit cuite. Transférer la viande dans la mijoteuse.
- Verser le cidre et le vinaigre dans la poêle et porter à ébullition en raclant le fond de la poêle pour enlever tous les petits morceaux qui y ont adhéré. Verser ce liquide sur le porc, dans la mijoteuse. Ajouter les feuilles de laurier.
- Couvrir et cuire à basse température de 8 à 10 h ou à température élevée de 3 à 4 h ou jusqu'à ce que le porc soit tendre.
- Incorporer les poivrons. Couvrir et cuire à température élevée pendant 1 h. Jeter les feuilles de laurier. Dégraisser la sauce. Goûter et rectifier l'assaisonnement, au besoin. Pour servir, garnir de tranches de pomme et de persil.

Tacos au porc épicé à deux étages

6 portions

Grandeur de la mijoteuse : 3,5 à 6 litres (14 à 24 tasses)

Les tacos sont des sandwiches mexicains garnis de viande, de haricots, de fromage, de laitue, d'oignons, de salsa et de guacamole. Dans cette recette, les tortillas de farine, qui sont molles, empêchent la garniture de tomber des coquilles à tacos croustillantes – une chose qui se produit souvent quand vous mangez des tacos. Ajoutez de la garniture, si vous le désirez.

1,8 kg (2 lb) de rôti de longe de porc, bout des côtes, désossé, le surplus de gras enlevé
1 c. à soupe de chili en poudre
¼ c. à café (¼ c. à thé) de cumin moulu
¼ c. à café (¼ c. à thé) de piment rouge séché, en flocons
540 ml (19 oz) de tomates en conserve, égouttées et hachées
127 ml (4 ½ oz) de piments verts doux, hachés, en conserve, avec le jus
398 ml (14 oz) de haricots sautés en conserve
12 tortillas de farine de 15 cm (6 po)
12 coquilles à taco
100 g (¾ tasse) de cheddar râpé
150 g (1 ½ tasse) de laitue émincée

- Mettre le rôti de porc dans la cocotte d'une mijoteuse. Parsemer le rôti de chili en poudre, de cumin et de piment en flocons. Ajouter les tomates et les piments verts.
- Couvrir et cuire à basse température de 8 à 10 h ou à température élevée de 4 à 5 h ou jusqu'à ce que le porc soit tendre.
- Transférer le porc dans un bol, puis déchiqueter la viande à l'aide de 2 fourchettes. Dégraisser la sauce. Remettre la viande dans la sauce, dans la mijoteuse.
- Chauffer les haricots sautés, les tortillas et les coquilles à taco selon le mode d'emploi indiqué sur l'emballage.
- Étendre une bonne cuillerée de haricots sautés sur les tortillas. Déposer une coquille à taco au milieu. Replier la tortilla autour de la coquille à taco.
- Mettre environ 45 g (⅓ tasse) du mélange de porc dans chacune des coquilles à taco. Garnir de fromage et de laitue.

Wraps au porc et au gingembre

6 portions

Grandeur de la mijoteuse : 3,5 à 6 litres (14 à 24 tasses)

Ces wraps combinent les saveurs du porc aigre-doux avec celles des légumes. Tout le monde en redemandera.

Si vous manquez de temps, achetez de la salade de chou déjà préparée, plutôt que du chou et de la carotte. Utilisez-en environ 260 g (3 ½ tasses).

60 ml (¼ tasse) de sauce Hoisin
3 c. à soupe de gingembre frais, râpé
3 c. à soupe de miel liquide
1,1 kg (2 ½ lb) de rôti de longe de porc, bout des côtes, désossé, le surplus de gras enlevé
300 g (2 ½ tasses) de chou émincé
50 g (½ tasse) de carotte râpée
3 oignons verts finement hachés
2 c. à soupe de vinaigre de riz
10 à 12 tortillas de farine de 25 cm (10 po)

- Préchauffer le four à 180 °C (350 °F).
- Dans un bol, mélanger la sauce Hoisin, le gingembre et le miel.
- Déposer le rôti dans la cocotte d'une mijoteuse, puis le badigeonner de sauce pour le couvrir complètement.
- Couvrir et cuire à basse température de 8 à 10 h ou à température élevée de 4 à 5 h ou jusqu'à ce que la viande soit très tendre.
- Mettre le porc dans un bol, puis déchiqueter la viande à l'aide de 2 fourchettes. Dégraisser la sauce. Remettre la viande dans la mijoteuse.
- Dans un autre bol, mélanger le chou, la carotte, les oignons verts et le vinaigre.
- Envelopper les tortillas de papier d'aluminium et cuire au four pendant 10 min.
- Pour servir, étendre environ 45 g (⅓ tasse) du mélange de porc au milieu de chacune des tortillas chaudes, puis garnir de 30 g (¼ tasse) du mélange de chou. Rouler les tortillas serré.

La sauce Hoisin
La sauce Hoisin est très utilisée dans la cuisine chinoise, pour cuire comme pour assaisonner. Faite de soya, d'ail et de piment, cette sauce rouge-brun à la consistance épaisse a une saveur douce et épicée.

Côtes de porc à la façon de Key West

6 portions

Grandeur de la mijoteuse : 3,5 à 6 litres (14 à 24 tasses)

Si vous avez la nostalgie des tropiques au beau milieu de l'hiver, préparez une bonne quantité de ces côtes bien charnues.

Les côtes de porc les plus charnues proviennent de la longe de porc, partie des côtes. Comme les côtes sont prises dans la longe, elles ont souvent moins de gras que les côtes levées de flanc ou que les côtes de dos.

Si vous ne pouvez trouver de longe de porc, partie des côtes, les côtes levées de flanc ou les côtes de dos feront aussi très bien l'affaire. Faites-les cuire à *broil* de 8 à 10 min de chaque côté avant de les mettre dans la mijoteuse.

1,3 kg (3 lb) de longe de porc, partie des côtes, coupée en côtes individuelles
1 oignon finement haché
60 ml (¼ tasse) de sauce barbecue
1 c. à café (1 c. à thé) de zeste d'orange râpé
1 c. à café (1 c. à thé) de zeste de citron vert, râpé
Le jus de 1 orange
Le jus de 1 citron vert
2 c. à soupe de fécule de maïs
2 c. à soupe d'eau froide
Sel et poivre noir

- Préchauffer le four à *broil*.
- Déposer les côtes sur une lèchefrite ou une tôle à biscuits à environ 15 cm (6 po) de la source de chaleur. Les faire griller, en les retournant souvent, de 10 à 15 min ou jusqu'à ce qu'elles soient bien dorées de tous les côtés. Les égoutter ensuite dans une assiette couverte de papier essuie-tout. Les déposer dans la cocotte d'une mijoteuse.
- Dans un bol, mélanger l'oignon haché, la sauce barbecue, ainsi que les zestes et les jus d'orange et de citron vert. Verser sur les côtes.
- Couvrir et cuire à basse température de 6 à 8 h ou à température élevée de 3 à 4 h ou jusqu'à ce que le porc soit tendre.
- Mettre les côtes sur un plateau et les conserver au chaud. Dégraisser la sauce.
- Dans un petit bol ou un bocal (voir p. 179), dissoudre la fécule de maïs dans l'eau froide, puis incorporer ce mélange à la sauce. Couvrir et cuire à température élevée pendant 10 min ou jusqu'à ce que le mélange ait épaissi. Saler et poivrer au goût.

Le gingembre frais
Il n'est pas nécessaire de peler le gingembre avant de le râper. Utilisez une râpe de cuisine ordinaire à petits trous. Mettez le gingembre qui reste dans un sac de plastique et faites-le congeler. Le gingembre congelé peut être râpé sans avoir été décongelé.

Ragoût de porc hawaïen

4 à 6 portions

Grandeur de la mijoteuse : 3,5 à 6 litres (14 à 24 tasses)

Servez ce plat avec une assiette de fruits tropicaux et un riz bien parfumé (voir p. 73). Pour préparer ce ragoût, utilisez des patates douces à la chair orange vif. Elles sont plus sucrées, plus tendres et sont plus colorées que les variétés dont la chair est plus pâle.

3 c. à soupe de farine tout usage
1 c. à café (1 c. à thé) de sel
1 c. à café (1 c. à thé) de poivre noir
½ c. à café (½ c. à thé) de cannelle moulue
¼ c. à café (¼ c. à thé) d'origan séché
¼ c. à café (¼ c. à thé) de clou de girofle
900 g (2 lb) de rôti de soc de porc désossé, coupé en cubes de 2,5 cm (1 po)
2 c. à soupe d'huile végétale
250 ml (1 tasse) de bouillon de poulet
1 oignon haché
2 gousses d'ail émincées
540 ml (19 oz) de tomates en conserve, hachées, avec le jus
1 grosse patate douce, pelée et coupée en dés
1 c. à soupe de cassonade bien tassée
320 g (1 tasse) d'ananas en morceaux, frais ou en conserve
45 g (¼ tasse) d'olives vertes farcies au piment, en tranches
½ poivron vert, épépiné et haché
15 g (¼ tasse) de persil frais, haché

- Dans un grand sac de plastique résistant, mettre la farine, le sel, le poivre, la cannelle, l'origan et les clous de girofle. Mettre quelques cubes de porc à la fois dans le sac, puis remuer le sac pour bien couvrir les morceaux de farine. Répéter l'opération pour tous les autres cubes de porc.
- Dans une grande poêle antiadhésive, chauffer 1 c. à soupe d'huile à feu moyen-élevé. Cuire quelques cubes de porc à la fois de 5 à 7 min ou jusqu'à ce qu'ils soient bien dorés de tous les côtés, en ajoutant de l'huile au besoin. Répéter l'opération jusqu'à ce que tout le porc soit cuit. À l'aide d'une écumoire, mettre le porc dans la cocotte d'une mijoteuse.
- Verser le bouillon dans la poêle. Porter à ébullition en raclant le fond de la poêle pour enlever tous les petits morceaux qui y ont adhéré. Verser ce liquide dans la mijoteuse.
- Incorporer à la mijoteuse l'oignon, l'ail, les tomates, la patate douce et la cassonade. Bien mélanger.

- Couvrir et cuire à basse température de 8 à 10 h ou à température élevée de 4 à 6 h ou jusqu'à ce que la viande et les pommes de terre soient tendres et que le ragoût fasse des bulles.
- Incorporer les morceaux d'ananas, les olives, le poivron vert et le persil.
- Couvrir et cuire à température élevée de 15 à 20 min ou jusqu'à ce que ce soit bien chaud.

L'ail

Si vous n'avez pas d'ail frais, utilisez de l'ail haché conservé dans un bocal. Il est facile à utiliser et se conserve au réfrigérateur jusqu'à 6 mois.

Côtes de porc barbecue

6 portions

Grandeur de la mijoteuse : 3,5 à 6 litres (14 à 24 tasses)

La plupart d'entre nous pensons que griller les aliments doit se faire au barbecue. Mais pour les habitants de la Caroline-du-Nord et de la Caroline-du-Sud, un véritable barbecue, c'est du porc qui cuit lentement avec une sauce ultrasecrète sur un feu qui couve. Cette recette se fait selon les mêmes principes et cuit lentement des côtes bien charnues dans une sauce barbecue riche et savoureuse. Servez-la avec de la Salade de chou crémeuse, vite faite (voir p. 57), des cornichons et du pain de maïs.

1,3 kg (3 lb) de longe de porc, partie des côtes, coupée en côtes individuelles
1 gros oignon haché
60 g (½ tasse) de céleri finement haché
180 g (¾ tasse) de ketchup
60 ml (¼ tasse) de jus de pomme
60 ml (¼ tasse) d'eau
2 c. à soupe de jus de citron
2 c. à soupe de cassonade bien tassée
1 c. à soupe de moutarde sèche
1 c. à soupe de vinaigre de cidre
1 c. à soupe de sauce Worcestershire
2 c. à café (2 c. à thé) de paprika
1 c. à soupe de raifort préparé

- Préchauffer le four à *broil*.
- Mettre les côtes sur un plateau à grillades ou une tôle à biscuits et placer au four, à 15 cm (6 po) de la source de chaleur. Cuire les côtes de 10 à 15 min ou jusqu'à ce qu'elles soient bien dorées de tous les côtés, en les retournant souvent. Les égoutter sur une assiette couverte de papier essuie-tout. Mettre ensuite les côtes dans la cocotte d'une mijoteuse.
- Dans un bol, mélanger l'oignon, le céleri, le ketchup, le jus de pomme, l'eau, le jus de citron, la cassonade, la moutarde, le vinaigre, la sauce Worcestershire et le paprika. Verser la sauce sur les côtes.
- Couvrir et cuire à basse température de 6 à 8 h ou à température élevée de 3 à 4 h ou jusqu'à ce que le porc soit tendre.
- Transférer les côtes dans un plat de service et les garder au chaud. Dégraisser la sauce et y incorporer le raifort. Pour obtenir une sauce plus épaisse, la verser dans une casserole et porter à ébullition. Laisser mijoter doucement, en brassant souvent, jusqu'à ce qu'elle ait la consistance désirée.
- Servir la sauce sur les côtes ou à part pour que l'on puisse y tremper les côtes.

Côtes de porc barbecue pour la mijoteuse

4 portions

Grandeur de la mijoteuse : 3,5 à 6 litres (14 à 24 tasses)

Voici une excellente façon d'utiliser votre mijoteuse pendant l'été, sans réchauffer toute la cuisine.

Vous pouvez faire à l'avance...
Préparez ces délicieuses côtes la veille du moment où vous désirez les servir et laissez-les cuire dans la mijoteuse pendant la nuit. Le lendemain, placez-les au réfrigérateur dans leur sauce bien collante. Elles seront prêtes à être mises sur le gril à la fin de la journée.

1,8 kg (4 lb) de côtes levées de dos, le surplus de gras enlevé, coupées en portions individuelles
1 oignon en tranches
1 branche de céleri avec les feuilles
2 gousses d'ail pelées et broyées
2 feuilles de laurier
1 c. à café (1 c. à thé) de poivre noir en grains

LA SAUCE
125 ml (½ tasse) de sauce barbecue
140 g (½ tasse) de gelée de raisins
2 gousses d'ail émincées
Quelques gouttes de sauce au piment rouge

- Déposer les côtes levées dans la cocotte d'une mijoteuse. (Dans une petite mijoteuse, il faut couper les côtes en morceaux.)
- Mettre l'oignon, le céleri, l'ail, les feuilles de laurier et le poivre autour des côtes. Couvrir d'eau.
- Couvrir et cuire à basse température de 6 à 8 h ou jusqu'à ce que ce soit tendre. Mettre ensuite les côtes levées dans un bol. Jeter le liquide de cuisson et les légumes.
- Pour faire la sauce : dans une casserole, à feu moyen, mélanger la sauce barbecue, la gelée de raisins, l'ail et la sauce au piment. Cuire 5 min, en brassant constamment, jusqu'à ce que la gelée soit fondue.
- Préchauffer le barbecue et huiler soigneusement la grille. Badigeonner généreusement les côtes levées de sauce. Faire griller les côtes à feu doux, à une distance de 10 à 15 cm (4 à 6 po) des briquettes. Les faire griller de 15 à 20 min ou jusqu'à ce qu'elles soient bien dorées, en les retournant de temps en temps et en les badigeonnant de sauce. Jeter la sauce qui reste.

Côtelettes de porc glacées au miel et aux épices

4 portions

Grandeur de la mijoteuse : 3,5 à 6 litres (14 à 24 tasses)

Les meilleures côtelettes pour la mijoteuse sont les côtelettes secondes ou les tranches de soc. N'utilisez pas les côtelettes du milieu de longe, car elles cuiraient trop rapidement et deviendraient sèches.

60 ml (¼ tasse) de miel liquide
2 c. à soupe de moutarde de Dijon
½ c. à café (½ c. à thé) de gingembre moulu
¼ c. à café (¼ c. à thé) de cannelle moulue
Une pincée de clous de girofle
1 c. à soupe d'huile végétale
4 côtelettes secondes ou tranches de soc
   de 1 po (2,5 cm) d'épaisseur, le surplus de gras enlevé
½ c. à café (½ c. à thé) de sel
¼ c. à café (¼ c. à thé) de poivre noir
2 c. à soupe de fécule de maïs
2 c. à soupe d'eau

- Dans un petit bol, mélanger le miel, la moutarde, le gingembre, la cannelle et les clous de girofle.
- Dans une grande poêle antiadhésive, chauffer l'huile à feu moyen-élevé. Saler et poivrer les côtelettes. Cuire quelques côtelettes à la fois environ 5 min de chaque côté ou jusqu'à ce qu'elles soient bien dorées. Cuire ainsi toutes les côtelettes.
- Mettre les côtelettes dans la cocotte d'une mijoteuse. Verser la sauce au miel et à la moutarde sur les côtelettes.
- Couvrir et cuire les côtelettes secondes à basse température de 4 à 5 h ou à température élevée de 2 à 3 h ou jusqu'à ce que le porc soit tendre. (Cuire les tranches de soc à basse température de 6 à 8 h ou à température élevée de 3 à 4 h.) À l'aide d'une écumoire, transférer le porc dans un plat de service. Couvrir pour garder les côtelettes au chaud.
- Dans un petit bol ou un bocal (voir p. 179), mélanger la fécule de maïs et l'eau. Incorporer à la sauce, dans la mijoteuse.
- Couvrir et cuire ce liquide à température élevée de 15 à 20 min ou jusqu'à ce que la sauce ait épaissi. Verser sur les côtelettes et servir.

Côtelettes de porc, sauce aux pommes et à l'oignon, parfumées au cari

4 portions

Grandeur de la mijoteuse : 5 à 6 litres (20 à 24 tasses)

Dans cette recette, la saveur du cari se marie bien au goût du porc et à celui des fruits.

Vous pouvez remplacer la crème par 60 ml (¼ tasse) de lait concentré. Un bon truc : versez le reste du lait concentré dans un bac à glaçons et congelez-le. Vous aurez ainsi de petites quantités de lait que vous pourrez ajouter aux sauces et aux soupes.

1 c. à soupe de cari en poudre
1 c. à café (1 c. à thé) de thym séché
1 c. à café (1 c. à thé) de marjolaine séchée
4 côtelettes secondes ou tranches de soc de porc,
    de 1 po (2,5 cm) d'épaisseur, le surplus de gras enlevé
1 c. à soupe d'huile végétale
1 gros oignon, en tranches fines
3 gousses d'ail émincées
1 pomme pelée et hachée
125 ml (½ tasse) de bouillon de poulet
125 ml (½ tasse) de vin blanc sec
2 c. à soupe de moutarde au miel
60 ml (¼ tasse) de crème à fouetter 35 %
Sel et poivre noir au goût

- Dans un bol, mélanger le cari, le thym et la marjolaine. Frotter les deux côtés des côtelettes de ce mélange.
- Dans une grande poêle antiadhésive, chauffer l'huile à feu moyen-élevé. Ajouter quelques côtelettes à la fois et cuire 5 min de chaque côté ou jusqu'à ce qu'elles soient bien dorées. Les mettre ensuite dans une assiette. Cuire ainsi toutes les côtelettes.
- Ajouter l'oignon, l'ail et la pomme au jus de cuisson de la poêle. Cuire, en brassant, pendant 2 min. Mettre ce mélange dans la cocotte d'une mijoteuse. Déposer les côtelettes réservées sur le mélange d'oignon. Verser le bouillon et le vin.
- Couvrir et cuire à basse température de 4 à 5 h ou à température élevée de 2 à 3 h ou jusqu'à ce que le porc soit tendre. (Les tranches de soc doivent cuire à basse température de 6 à 8 h ou à température élevée de 3 à 4 h.)
- Retirer les côtelettes de la mijoteuse et les mettre sur un plat de service. Les couvrir lâchement de papier d'aluminium pour les garder au chaud.
- Incorporer la moutarde et la crème à la sauce. Saler et poivrer. Verser la sauce sur les côtelettes et servir.

Côtelettes de porc, sauce moutarde à la crème

Grandeur de la mijoteuse : 3,5 à 6 litres (14 à 24 tasses)

Ce plat tout simple provient de la cuisine française paysanne. La sauce moutarde bien crémeuse accompagne à merveille les côtelettes de porc tendres et juteuses à souhait.

2 grosses carottes pelées, en tranches

2 panais pelés, en tranches

1 petit oignon vert ou oignon nouveau finement haché

2 c. à soupe de farine tout usage

1 c. à café (1 c. à thé) de sel

½ c. à café (½ c. à thé) de poivre noir

1 c. à soupe d'huile végétale

4 à 6 côtelettes secondes, désossées, de 1 po (2,5 cm) d'épaisseur, le surplus de gras enlevé

180 ml (¾ tasse) de vin blanc sec ou de concentré de bouillon de poulet, non dilué

1 gros oignon en tranches

60 ml (¼ tasse) de crème à fouetter 35 % ou de lait concentré

1 c. à soupe de moutarde de Dijon

- Mettre les carottes, les panais et l'oignon dans la cocotte d'une mijoteuse. Saupoudrer de farine, de sel et de poivre, puis remuer pour bien en couvrir les légumes.
- Dans une grande poêle antiadhésive, chauffer l'huile à feu moyen-élevé. Ajouter quelques côtelettes à la fois et les cuire 5 min de chaque côté ou jusqu'à ce qu'elles soient bien dorées. Retirer les côtelettes, puis les égoutter sur une assiette couverte d'un papier essuie-tout pour enlever tout excédent d'huile.
- Verser le vin ou le bouillon dans la poêle et porter à ébullition en raclant le fond de la poêle pour enlever tous les petits morceaux qui y ont adhéré.
- Mettre les côtelettes sur les légumes, dans la mijoteuse, puis étendre les tranches d'oignon sur la viande. Verser ensuite le mélange de vin ou de bouillon.
- Couvrir et cuire à basse température de 4 à 5 h ou à température élevée de 2 à 3 h ou jusqu'à ce que la viande soit tendre.
- À l'aide d'une écumoire, retirer les côtelettes et les légumes de la mijoteuse et les garder au chaud. Dégraisser le jus de cuisson.
- Dans un petit bol, mélanger la crème et la moutarde. Incorporer ce mélange au jus de cuisson de la mijoteuse.

- Couvrir et cuire à température élevée pendant 5 min ou jusqu'à ce que la sauce ait légèrement épaissi. Pour obtenir une sauce plus épaisse, la verser dans une casserole et porter à ébullition. Cuire doucement pendant environ 5 min ou jusqu'à l'obtention de la consistance désirée. Servir la sauce avec le porc.

Pommes de terre grillées – 4 à 6 portions
Préchauffez le four à 220 °C (425 °F). Brossez 900 g (2 lb) de pommes de terre, puis coupez-les en morceaux. Mélangez 2 c. à soupe d'huile végétale ou d'huile d'olive, ½ c. à café (½ c. à thé) de sel et ¼ c. à café (¼ c. à thé) de poivre noir. Remuez les pommes de terre dans l'huile pour bien les enduire de ce mélange. Placez les pommes de terre sur une tôle à biscuits graissée et faites-les griller au four de 50 à 60 min ou jusqu'à ce qu'elles soient tendres et bien dorées. Retournez-les une fois pendant la cuisson.

Côtelettes de porc accompagnées de farce aux fruits

4 à 6 portions

Grandeur de la mijoteuse : 3,5 à 6 litres (14 à 24 tasses)

Si vous utilisez du mélange pour farce que l'on trouve dans le commerce pour préparer ce plat, il sera prêt en un rien de temps. Mais qui aurait pu imaginer que vous pouviez manger un plat aussi savoureux au milieu de la semaine ?

Vous pouvez aussi utiliser des tranches de soc pour faire ce plat. Si c'est le cas, faites-les cuire à basse température de 6 à 8 h ou à température élevée de 3 à 4 h et diminuez la quantité de bouillon de poulet de 60 ml (¼ tasse), car ces côtelettes libèrent plus de jus quand elles cuisent lentement. Cela fera en sorte que la farce ne sera pas trop détrempée.

1 c. à soupe d'huile végétale
4 à 6 côtelettes secondes, désossées, de 1 po (2,5 cm) d'épaisseur, le surplus de gras enlevé
65 g (⅓ tasse) de raisins secs
65 g (⅓ tasse) de canneberges séchées
55 g (⅓ tasse) d'abricots séchés, hachés
¼ c. à café (¼ c. à thé) de sel
Une pincée de poivre noir
125 ml (½ tasse) de jus de pomme, au total
250 ml (1 tasse) de bouillon de poulet
2 c. à soupe de beurre
¼ c. à café (¼ c. à thé) de cannelle moulue
Une pincée de muscade moulue
1 paquet de 175 g (6 oz) de mélange pour farce aux fines herbes

- Dans une grande poêle antiadhésive, chauffer l'huile à feu moyen-élevé. Cuire quelques côtelettes à la fois environ 5 min de chaque côté ou jusqu'à ce qu'elles soient bien dorées. Cuire ainsi toutes les côtelettes.
- Mettre le porc dans la cocotte d'une mijoteuse. Parsemer la viande des raisins, des canneberges, des abricots, du sel et du poivre, puis y verser la moitié du jus de pomme.
- Dans une casserole, mélanger le reste du jus de pomme, le bouillon, le beurre, la cannelle et la muscade. Porter à ébullition, puis y incorporer le mélange pour farce et l'enveloppe d'assaisonnements. Retirer du feu et verser sur les fruits, dans la mijoteuse.
- Couvrir et cuire à basse température de 4 à 5 h ou à température élevée de 2 à 3 h ou jusqu'à ce que le porc soit tendre et légèrement rosé.
- Pour servir, retirer la farce et les fruits, puis les mettre dans un bol. Mélanger légèrement. Servir avec les côtelettes.

Rôti de porc aux pommes de terre et aux patates douces

6 portions

Grandeur de la mijoteuse : 3,5 à 6 litres (14 à 24 tasses)

Ce rôti tout simple est délicatement aromatisé aux accents de réglisse du fenouil. Cela en fait un plat facile à faire et assez élégant pour recevoir.

Les pommes de terre à chair jaune comme les Yukon Gold font bonne figure en compagnie des patates douces à chair orange.

2 patates douces, pelées et coupées en cubes de 1 cm (½ po)
2 pommes de terre pelées et coupées en cubes de 1 cm (½ po)
2 c. à café (2 c. à thé) de graines de fenouil
1 c. à café (1 c. à thé) d'origan séché
1 c. à café (1 c. à thé) de paprika
½ c. à café (½ c. à thé) d'ail en poudre
½ c. à café (½ c. à thé) de sel
¼ c. à café (¼ c. à thé) de poivre noir
1 longe de porc, bout des côtes, ou un rôti de soc désossé,
  le surplus de gras enlevé, soit environ 900 g à 1,3 kg (2 à 3 lb)
250 ml (1 tasse) de bouillon de poulet

- Mettre les patates douces et les pommes de terre au fond de la cocotte d'une mijoteuse.
- À l'aide du pilon, broyer les graines de fenouil dans un mortier ou utiliser un rouleau à pâtisserie et les écraser sur une planche à découper.
- Dans un petit bol, mélanger les graines de fenouil broyées, l'origan, le paprika, l'ail en poudre, le sel et le poivre. Frotter le rôti de ce mélange. Déposer le rôti sur les patates douces et les pommes de terre. Verser le bouillon autour de la viande et des légumes.
- Couvrir et cuire à basse température de 10 à 12 h ou à température élevée de 5 à 6 h ou jusqu'à ce que le porc et les pommes de terre soient tendres.
- Pour servir, transférer le rôti sur une planche à découper et le couvrir lâchement de papier d'aluminium. Le laisser reposer 5 min avant de le découper. Trancher le rôti et le servir avec les patates douces et les pommes de terre.

Fajitas au porc

Grandeur de la mijoteuse : 3,5 à 6 litres (14 à 24 tasses)

Les restes de porc déchiqueté se conservent au réfrigérateur jusqu'à 4 jours et au congélateur jusqu'à 4 mois et peuvent être utilisés dans les tacos, les enchiladas et les burritos.

Vous pouvez remplacer le porc par un rôti de côtes croisées de bœuf, désossé, ou par un rôti de bœuf dans la croupe, désossé, ou par 1 kg (2 ¼ lb) de cuisses de dinde désossées.

1 rôti de soc de porc désossé, le surplus de gras enlevé, soit environ 1,3 kg (3 lb)
1 oignon haché
250 g (1 tasse) de ketchup
180 ml (¾ tasse) de salsa
180 ml (¾ tasse) de cola
55 g (¼ tasse) de cassonade bien tassée
2 c. à soupe de vinaigre de riz
4 gousses d'ail émincées
1 c. à café (1 c. à thé) d'arôme de fumée liquide (voir p. 100)
1 c. à café (1 c. à thé) de piment rouge séché, en flocons
8 à 12 tortillas de farine de 25 cm (10 po)

- Préchauffer le four à 180 °C (350 °F).
- Mettre le porc dans la cocotte d'une mijoteuse, puis le parsemer d'oignon.
- Dans un grand bol, mélanger le ketchup, la salsa, le cola, la cassonade, le vinaigre, l'ail, l'arôme de fumée liquide et le piment en flocons. Verser ce mélange sur le porc, dans la mijoteuse.
- Couvrir et cuire à basse température de 10 à 12 h ou à température élevée de 5 à 6 h ou jusqu'à ce que le porc soit très tendre.
- Transférer le porc dans un grand bol et, à l'aide de 2 fourchettes, déchiqueter la viande. Dégraisser la sauce. Remettre la viande dans la sauce pour la garder au chaud.
- Envelopper les tortillas de papier d'aluminium et les réchauffer au four pendant 10 min. Quand elles sont prêtes à servir, mettre de la garniture sur les tortillas chaudes, puis les rouler.

Porc à la sauce aigre-douce

Grandeur de la mijoteuse : 3,5 à 6 litres (14 à 24 tasses)

Le porc à la sauce aigre-douce est généralement fait de morceaux de porc frits dans une sauce aigre-douce. Dans cette version maigre et facile à faire en un seul plat, le gingembre moulu parfume la sauce.

Servez le porc sur du riz cuit (voir p. 73) ou sur des vermicelles de haricots verts. Pour préparer les vermicelles, mettez-les dans un grand bol d'eau bouillante. Laissez-les tremper environ 5 min pour les ramollir. Dès que les vermicelles sont tendres, égouttez-les dans une passoire et réservez. Avant de servir, faites-les frire dans l'huile bouillante pendant 5 min ou jusqu'à ce qu'ils soient cuits.

1 c. à soupe d'huile végétale
900 g (2 lb) de rôti de soc de porc désossé, le surplus de gras enlevé,
    coupé en cubes de 2,5 cm (1 po)
1 c. à café (1 c. à thé) de gingembre moulu
½ c. à café (½ c. à thé) de moutarde sèche
398 ml (14 oz) de morceaux d'ananas non sucrés en conserve,
    avec le jus
3 c. à soupe de cassonade bien tassée
60 ml (¼ tasse) de vinaigre blanc
3 c. à soupe de sauce soya
1 poivron rouge, épépiné et haché grossièrement
3 c. à soupe d'eau
2 c. à soupe de fécule de maïs
75 g (1 tasse) de pois mange-tout coupés en 2

- Dans une grande poêle antiadhésive, chauffer l'huile à feu moyen-élevé. Ajouter quelques cubes de porc à la fois et cuire, en brassant, de 5 à 7 min ou jusqu'à ce qu'ils soient bien dorés de tous les côtés. Cuire ainsi toute la viande.
- Remettre tout le porc dans la poêle. Ajouter le gingembre et la moutarde et cuire, en brassant, pendant 2 min.
- Mettre la viande dans la cocotte d'une mijoteuse. Ajouter l'ananas, la cassonade, le vinaigre et la sauce soya au contenu de la mijoteuse. Bien mélanger.
- Couvrir et cuire à basse température de 6 à 8 h ou à température élevée de 3 à 4 h ou jusqu'à ce que le porc soit tendre.
- Incorporer le poivron rouge. Couvrir et cuire à température élevée pendant 20 min.
- Dans un petit bol ou un bocal, mélanger l'eau et la fécule de maïs (voir p. 179). Incorporer ce liquide au porc avec les pois mange-tout. Couvrir et cuire à température élevée pendant 10 min ou jusqu'à ce que la sauce ait épaissi et que les légumes soient al dente.

Tourtière aux allures de pâté chinois

8 portions

Grandeur de la mijoteuse : 3,5 à 6 litres (14 à 24 tasses)

Voici le plat parfait pour finir l'année en beauté. On peut le présenter à ses invités avant la messe du 24 décembre. Servez-le avec une salade croquante de beaux légumes verts et de la sauce chili. (Si vous le préparez dans une grande mijoteuse, le pâté sera plus mince, mais le rendement sera le même.)

Vous pouvez faire à l'avance…

Vous pouvez faire ce plat jusqu'à 24 h avant de le faire cuire. Faites cuire la viande et les légumes, puis faites-les refroidir séparément avant de les réunir dans la mijoteuse. Placez au réfrigérateur toute la nuit dans la cocotte de la mijoteuse. La journée suivante, déposez la cocotte dans la mijoteuse et continuez la cuisson tel que mentionné dans la recette.

6 pommes de terre pelées et coupées en cubes de 2 cm (¾ po)
900 g (2 lb) de porc haché, maigre, ou de poulet ou de dinde, haché
1 c. à soupe d'huile végétale
2 oignons finement hachés
5 gousses d'ail émincées
1 branche de céleri finement hachée
1 ½ c. à café (1 ½ c. à thé) de thym séché
½ c. à café (½ c. à thé) de sarriette séchée
½ c. à café (½ c. à thé) de sel
½ c. à café (½ c. à thé) de poivre noir
¼ c. à café (¼ c. à thé) de clous de girofle
¼ c. à café (¼ c. à thé) de cannelle moulue
250 ml (1 tasse) de bouillon de poulet
2 c. à soupe de persil frais, haché

- Cuire les pommes de terre dans une grande casserole d'eau bouillante salée jusqu'à ce qu'elles soient tendres, soit environ 15 min. À l'aide d'une écumoire, transférer 170 g (1 ½ tasse) de pommes de terre dans la cocotte légèrement graissée d'une mijoteuse. Égoutter le reste des pommes de terre, puis les remettre dans la casserole. En faire une purée onctueuse.
- Dans une grande poêle antiadhésive, cuire le porc à feu moyen-élevé de 5 à 7 min ou jusqu'à ce que la viande ne soit plus rosée. Égoutter et mettre dans la mijoteuse.
- Verser l'huile dans la poêle et chauffer. Ajouter les oignons, l'ail et le céleri. Cuire, en brassant de temps en temps, pendant 5 min ou jusqu'à ce que les légumes soient tendres.
- Ajouter à la poêle le thym, la sarriette, le sel, le poivre, les clous de girofle et la cannelle. Cuire, en brassant, pendant 1 min ou jusqu'à ce qu'une bonne odeur s'en dégage. Ajouter ces assaisonnements à la viande, dans la mijoteuse, avec le bouillon et le persil. Bien mélanger.
- Étendre le reste des pommes de terre sur le mélange de viande.
- Couvrir et cuire à basse température de 6 à 10 h ou à température élevée de 3 à 4 h ou jusqu'à ce que ça fasse des bulles et que ce soit bien chaud.

Fèves au lard au porc et au maïs bien épicées

6 à 8 portions

Grandeur de la mijoteuse : 3,5 à 6 litres (14 à 24 tasses)

Voici une variante des traditionnelles fèves au lard. Tous les membres de votre famille raffoleront de ce plat, car la moitié du plaisir consiste à y mettre les différentes garnitures. Servez-les avec des bols de crème sure, de chips tortillas émiettées et de cheddar râpé.

2 c. à soupe d'huile végétale

1,3 kg (3 lb) de rôti de soc de porc désossé, le surplus de gras enlevé, coupé en cubes de 2,5 cm (1 po)

1 oignon haché

2 gousses d'ail émincées

2 c. à soupe de chili en poudre

½ c. à café (½ c. à thé) de cayenne

½ c. à café (½ c. à thé) de poivre noir

250 ml (1 tasse) de bouillon de bœuf

540 ml (19 oz) de haricots noirs en conserve, rincés et égouttés ou 375 g (2 tasses) de haricots cuits à la maison (voir p. 147)

540 ml (19 oz) de tomates étuvées à l'italienne (voir p. 105), en conserve, avec le jus

213 ml (7 ½ oz) de sauce tomate en conserve

220 g (1 tasse) de maïs en grains frais ou surgelé, décongelé

- Dans une grande poêle antiadhésive, chauffer 1 c. à soupe d'huile à feu moyen-élevé. Ajouter quelques cubes de porc à la fois et cuire, en brassant, de 5 à 7 min ou jusqu'à ce que le porc soit bien doré de tous les côtés, en ajoutant de l'huile, au besoin. À l'aide d'une écumoire, mettre le porc dans la cocotte d'une mijoteuse.
- Ajouter l'oignon à la poêle et cuire, en brassant, de 3 à 4 min ou jusqu'à ce qu'il soit tendre.
- Ajouter à la poêle l'ail, le chili en poudre, le cayenne et le poivre. Cuire, en brassant, pendant 1 min.
- Verser le bouillon dans la poêle. Porter à ébullition en raclant le fond de la poêle pour enlever tous les petits morceaux qui y ont adhéré. Verser ce liquide dans la mijoteuse.
- Ajouter à la mijoteuse les haricots noirs, les tomates et la sauce tomate. Bien mélanger.
- Couvrir et cuire à basse température de 8 à 10 h ou à température élevée de 4 à 5 h ou jusqu'à ce que ce soit très chaud, que ça fasse des bulles et que le porc soit tendre.
- Incorporer le maïs, couvrir et cuire à température élevée de 20 à 25 min ou jusqu'à ce que le maïs soit très chaud.

Sauce aux boulettes de viande et aux haricots à l'italienne

Grandeur de la mijoteuse : 3,5 à 6 litres (14 à 24 tasses)

Cette sauce épaisse et copieuse est composée de tendres boulettes de viande bien juteuses, de légumes et de haricots. Servez-la avec du pain à l'ail grillé.

Pour ajouter un peu plus de goût à ce plat, essayez la pâte de tomate aromatisée. Celle qui est aromatisée à l'ail grillé ou la version à l'italienne constituent de bons choix.

LES BOULETTES

225 g (½ lb) de saucisses italiennes douces ou fortes, les boyaux enlevés

225 g (½ lb) de porc haché, maigre

60 g (½ tasse) de chapelure

1 petit oignon finement haché

3 c. à soupe de lait

1 œuf légèrement battu

2 c. à soupe de parmesan râpé

2 c. à soupe de persil frais, haché

¼ c. à café (¼ c. à thé) de sauce Worcestershire

¼ c. à café (¼ c. à thé) de sel

Une pincée de poivre noir

LA SAUCE

250 ml (1 tasse) de bouillon de bœuf

540 ml (19 oz) de tomates étuvées à l'italienne (voir p. 105), en conserve, avec le jus

2 c. à soupe de pâte de tomate

1 carotte pelée et hachée

1 branche de céleri hachée

540 ml (19 oz) de haricots blancs ou de petits haricots blancs, en conserve, rincés et égouttés ou 450 g (2 tasses) de haricots cuits à la maison (voir p. 147)

½ c. à café (½ c. à thé) d'origan séché

½ c. à café (½ c. à thé) de sel

¼ c. à café (¼ c. à thé) de poivre noir

2 c. à soupe de parmesan râpé

- Préchauffer le four à 200 °C (400 °F).
- Pour faire les boulettes : dans un bol, mélanger la chair à saucisse, le porc haché, la chapelure, l'oignon, le lait, l'œuf, le parmesan, le persil, la sauce Worcestershire, le sel et le poivre. Façonner le mélange en boulettes de 2,5 cm (1 po), puis les déposer sur une tôle à biscuits.
- Cuire les boulettes au four de 10 à 12 min ou jusqu'à ce qu'elles soient bien dorées et que la viande ne soit plus rosée.

Vous pouvez faire la sauce
jusqu'à 24 h avant de la faire
cuire. Placez-la au
réfrigérateur toute la nuit
dans la cocotte d'une
mijoteuse. La journée
suivante, ajoutez les
boulettes de viande à la
sauce et déposez la cocotte
dans la mijoteuse. Continuez
la cuisson tel que mentionné
dans la recette. Vous pouvez
faire les boulettes jusqu'à
1 mois à l'avance et les
congeler. Décongelez-les à
température ambiante
environ 30 min avant de les
ajouter à la sauce.

- Pour faire la sauce : mélanger le bouillon, les tomates, la pâte de tomate, la carotte, le céleri, les haricots, l'origan, le sel, le poivre et les boulettes cuites dans la cocotte d'une mijoteuse.
- Couvrir et cuire à basse température de 4 à 5 h ou jusqu'à ce que la sauce fasse des bulles, que les boulettes soient chaudes et que les légumes soient tendres.
- Servir dans des bols de service individuels et parsemer de fromage parmesan.

Le pain à l'ail grillé – 8 à 10 portions
Préchauffez le four à *broil*.

Coupez un pain croûté en tranches de 2,5 cm (1 po).

Dans un bol, mélangez 60 g (¼ tasse) de beurre ramolli et 3 gousses d'ail émincées ou 1 c. à café (1 c. à thé) d'ail en poudre. Tartinez les tranches de pain de beurre à l'ail.

Faites griller les tranches de pain sur un plateau à grillades, côté beurre vers le haut, à une distance de 12 à 15 cm (5 à 6 po) de la source de chaleur, de 2 à 3 min ou jusqu'à ce qu'elles soient dorées.

Pour faire du pain à l'ail au fromage, parsemez le pain de 90 g (¾ tasse) de mozzarella râpée et faites-le griller 3 min ou jusqu'à ce que le fromage soit fondu.

Jarrets d'agneau aux haricots blancs

4 portions

Grandeur de la mijoteuse : 5 à 6 litres (20 à 24 tasses)

Dans cette version d'un classique de la cuisine française, les jarrets d'agneau cuisent lentement dans une sauce délicieuse. Ils deviennent alors extrêmement tendres et savoureux. Servez-les avec du persil frais comme garniture et accompagnez-les de Pommes de terre à l'ail en purée qui absorberont tous les jus de cuisson.

1 c. à soupe d'huile végétale
4 gros jarrets d'agneau, soit environ 900 g à 1,3 kg (2 à 3 lb)
1 c. à café (1 c. à thé) de sel
½ c. à café (½ c. à thé) de poivre noir
540 ml (19 oz) de haricots blancs, en conserve, rincés et égouttés ou
   450 g (2 tasses) de haricots cuits à la maison (voir p. 147)
2 panais pelés et coupés en morceaux de 2,5 cm (1 po)
2 carottes pelées et coupées en morceaux de 2,5 cm (1 po)
1 oignon en quartiers
125 ml (½ tasse) de vin rouge sec
125 ml (½ tasse) de bouillon de poulet
2 c. à soupe de pâte de tomate
4 gousses d'ail pelées et coupées en 2
2 c. à soupe de persil frais finement haché
2 c. à café (2 c. à thé) de romarin séché, émietté
1 feuille de laurier
1 c. à soupe de persil frais, haché

- Dans une grande poêle antiadhésive, chauffer l'huile à feu moyen-élevé. Cuire une partie des jarrets d'agneau de 5 à 7 min de chaque côté ou jusqu'à ce qu'ils soient bien dorés. Saler et poivrer. Cuire ainsi tous les jarrets.
- Mettre les haricots, les panais, les carottes et l'oignon dans la cocotte d'une mijoteuse. Déposer la viande sur le mélange de haricots et de légumes.
- Dans un bol, mélanger le vin, le bouillon et la pâte de tomate. Verser ce liquide sur la viande et sur les légumes. Parsemer d'ail, de persil et de romarin. Ajouter la feuille de laurier.
- Couvrir et cuire à basse température de 8 à 12 h ou à température élevée de 4 à 5 h ou jusqu'à ce que l'agneau soit très tendre et se détache des os.

- À l'aide d'une écumoire, mettre la viande, les haricots et les légumes dans un plat de service, couvrir et garder au chaud. Jeter la feuille de laurier.
- Dégraisser les jus de cuisson, puis verser ce liquide dans une casserole. Le faire bouillir pendant 10 min pour qu'il épaississe. Verser la sauce sur la viande, les haricots et les légumes. Garnir de persil.

Pommes de terre à l'ail en purée – 4 portions

Pelez 900 g (2 lb) de pommes de terre et coupez-les en quartiers. Mettez-les dans une casserole et couvrez-les d'eau. Ajoutez 1 c. à café (1 c. à thé) de sel. Portez à ébullition, couvrez et réduisez à feu moyen. Laissez mijoter de 20 à 30 min ou jusqu'à ce qu'elles soient tendres. Égouttez-les bien, puis remettez-les dans la casserole.

Dans une autre petite casserole, chauffez 60 g (¼ tasse) de beurre à feu moyen, puis ajoutez 2 gousses d'ail pelées et broyées. Faites cuire 5 min ou jusqu'à ce qu'une bonne odeur s'en dégage. Ajoutez 250 ml (1 tasse) de lait, ½ c. à café (½ c. à thé) de sel et ½ c. à café (½ c. à thé) de poivre noir et faites chauffer jusqu'à ce que le lait soit très chaud.

Versez dans la casserole qui contient les pommes de terre, puis faites une purée onctueuse. Goûtez et rectifiez l'assaisonnement, au besoin.

Gigot d'agneau au romarin et à l'ail

6 à 8 portions

Grandeur de la mijoteuse : 6 litres (24 tasses)

Cette recette est une adaptation d'un plat que l'on sert dans les îles grecques. La pâte avec laquelle on enduit la viande pénètre l'agneau pendant la cuisson et lui donne des parfums d'ail, de citron et de fines herbes. La cuisson lente de cette coupe de viande la rend juteuse et tendre.

N'oubliez pas de retirer la ficelle de votre rôti avant de le découper et de le servir.

6 gousses d'ail pelées et broyées
Le zeste de 1 citron, râpé
1 c. à soupe de romarin frais, haché ou 1 c. à café (1 c. à thé) de romarin séché
1 c. à café (1 c. à thé) de sel
½ c. à café (½ c. à thé) de poivre noir
1,3 à 1,8 kg (3 à 4 lb) de gigot d'agneau désossé et ficelé
2 c. à soupe d'huile d'olive
125 ml (½ tasse) de vin blanc sec

- Dans un petit bol ou au robot culinaire, mettre en purée ou hacher l'ail, le zeste de citron, le romarin, le sel et le poivre pour former une pâte. En frotter tout l'agneau.
- Dans une grande poêle antiadhésive, chauffer l'huile à feu moyen-élevé. Ajouter l'agneau et cuire pendant 10 min ou jusqu'à ce que l'agneau soit bien doré de tous les côtés, en retournant la viande avec des pinces ou avec deux cuillères en bois. Mettre la viande dans la cocotte d'une mijoteuse.
- Verser le vin dans un poêlon et porter à ébullition en raclant le fond du poêlon pour enlever tous les petits morceaux qui y ont adhéré. Verser ce liquide sur la viande, dans la mijoteuse.
- Couvrir et cuire à basse température de 4 à 6 h ou jusqu'à ce que la viande soit tendre et qu'elle ait la cuisson désirée.

Comment vérifier la cuisson

Pour vérifier la cuisson de grosses pièces de viande, utilisez un thermomètre à viande. Les rôtis continuent à cuire de 5 à 15 min après qu'on les a retirés de la mijoteuse. Selon le degré de cuisson que l'on veut obtenir, le thermomètre doit indiquer, pour une viande :

SAIGNANTE : 60 °C (140 °F)
À POINT : 71 °C (160 °F)
BIEN CUITE : 77 °C (170 °F)

Les plats végétariens
et le poisson

Pain doré aux bananes et aux noix

8 portions

Grandeur de la mijoteuse : 5 à 6 litres (20 à 24 tasses)

Vous pouvez servir ce pain doré avec du sirop d'érable comme repas léger ou comme plat lors d'un brunch.

Le lait concentré réagit très bien à la cuisson à la mijoteuse, il ne caillera pas. Attention, vous ne devez pas confondre ce lait avec le lait concentré sucré que l'on utilise pour faire des desserts et des bonbons.

Vous pouvez faire à l'avance...
Vous pouvez mettre les ingrédients dans la mijoteuse jusqu'à 24 h avant de les faire cuire.

2 bananes mûres, coupées en tranches de 0,5 cm (¼ po)
2 c. à soupe de jus de citron
1 pain croûté vieux d'un jour, la croûte enlevée, coupé en cubes de 1 cm (½ po), soit environ 180 g (10 tasses)
3 œufs légèrement battus
385 ml (13 oz) de lait concentré, en conserve
3 c. à soupe de miel liquide
1 c. à café (1 c. à thé) de vanille
½ c. à café (½ c. à thé) de cannelle moulue
125 g (1 tasse) de noix de Grenoble grillées, hachées (voir p. 153)
1 c. à café (1 c. à thé) de sucre cristallisé

- Dans un bol, brasser doucement les bananes et le jus de citron.
- Déposer la moitié des cubes de pain au fond de la cocotte légèrement graissée d'une mijoteuse. Couronner le pain des bananes, puis ajouter le reste du pain.
- Dans un mélangeur ou un robot culinaire, mettre les œufs, le lait concentré, le miel, la vanille et la cannelle. Verser lentement le mélange d'œufs sur le pain pour le couvrir uniformément. À l'aide du dos d'une cuillère, presser légèrement sur le mélange pour que tout le pain soit bien imbibé.
- Couvrir et placer au réfrigérateur pendant 8 h ou même toute la nuit.
- Parsemer le pain des noix et du sucre. Couvrir et cuire à basse température de 5 à 7 h ou à température élevée de 2 h 30 à 3 h 30 ou jusqu'à ce que le tout soit bien doré et légèrement gonflé.

Fondue à l'italienne

4 à 6 portions

Grandeur de la mijoteuse : 3,5 à 6 litres (14 à 24 tasses)

Voici une merveilleuse trempette à servir en hors-d'œuvre. Mais vous pouvez aussi en faire un repas de famille, le week-end, tout aussi bien qu'un repas à la fortune du pot. Et vous pouvez transporter la mijoteuse. Mettez tous les ingrédients dans la mijoteuse et faites fondre le fromage, tel que mentionné dans la première étape de la recette. Débranchez la mijoteuse, puis enveloppez-la d'une serviette ou de papier journal pour bien l'isoler. Placez-la ensuite dans un contenant qui restera à plat dans la voiture. Fixez des bandes élastiques autour des poignées et du couvercle pour que ce soit bien solide pendant le transport. Quand vous serez arrivés à bon port, branchez la mijoteuse et réglez-la à basse température pour garder la fondue au chaud.

Vous pouvez aussi servir ce plat avec des pains bâtons, des bretzels et des légumes comme le chou-fleur et le brocoli.

450 g (1 lb) de fromage fondu en pain, coupé en cubes de 1 cm (½ po)
240 g (2 tasses) de mozzarella râpée
540 ml (19 oz) de tomates étuvées à l'italienne (voir p. 105), en conserve, avec le jus
1 pain italien, coupé en cubes de 2,5 cm (1 po)

- Placer les cubes de fromage, la mozzarella râpée et les tomates dans la cocotte légèrement graissée d'une mijoteuse. Couvrir et cuire à température élevée de 45 à 60 min ou jusqu'à ce que le fromage fonde.
- Bien mélanger et racler les côtés de la mijoteuse avec une spatule en plastique pour éviter que le fromage ne brûle. Réduire à basse température (la fondue restera chaude jusqu'à 4 h).
- Servir avec des cubes de pain que les invités tremperont dans la fondue.

Tamales au maïs et aux piments verts

4 à 6 portions

Grandeur de la mijoteuse : 3,5 à 6 litres (14 à 24 tasses)

Je cherche toujours des idées intéressantes pour les repas de fin de semaine. Parfois, quelques aliments préparés peuvent être ajoutés à la dernière minute à un plat délicieux comme celui-ci. Dans ma famille, c'est un grand succès.

La cuisine mexicaine comporte plusieurs salsas crues ou cuites faites avec des tomates ou des tomatilles et des piments. La salsa verde est verte, bien sûr, et on peut la trouver au rayon des produits mexicains des supermarchés. Si vous ne réussissez pas à en trouver, remplacez-la par de la salsa ordinaire.

Coupez les burritos quand ils sont légèrement décongelés pour ne pas que la garniture en sorte.

6 burritos aux haricots et au fromage surgelés, légèrement décongelés
440 g (2 tasses) de maïs en grains frais ou surgelé, décongelé
127 ml (4 ½ oz) de piments verts doux hachés, en conserve, avec le jus
3 oignons verts, hachés
35 g (¼ tasse) de coriandre fraîche, hachée, au total
250 ml (1 tasse) de crème à fouetter 35 % ou de crème sure
200 ml (7 oz) de salsa verde, en conserve
1 c. à café (1 c. à thé) de chili en poudre
½ c. à café (½ c. à thé) de cumin moulu
¼ c. à café (¼ c. à thé) de sel
¼ c. à café (¼ c. à thé) de poivre noir
180 g (1 ½ tasse) de fromage Monterey Jack râpé
1 avocat pelé et coupé en quartiers (facultatif)

- Couper chaque burrito en 4 tranches, puis les placer, en une seule rangée, au fond de la cocotte d'une mijoteuse. (Si l'on utilise une mijoteuse plus petite, on peut faire 2 rangées de burritos).
- Parsemer les burritos du maïs, des piments verts, des oignons et de 2 c. à soupe de coriandre.
- Dans un bol, fouetter la crème, la salsa verde, le chili en poudre, le cumin, le sel et le poivre. Verser ce mélange sur les burritos et les légumes.
- Couvrir et cuire à basse température de 4 à 6 h ou à température élevée de 2 à 3 h ou jusqu'à ce que ce soit bien chaud et que ça fasse des bulles.
- Parsemer le plat de fromage et cuire à température élevée de 20 à 30 min ou jusqu'à ce que le fromage fonde. Garnir du reste de la coriandre et des quartiers d'avocat, si désiré.

Pâtes aux épinards et à la ricotta

Grandeur de la mijoteuse : 3,5 à 6 litres (14 à 24 tasses)

Servez à votre famille un plat réconfortant en leur offrant ce plat végétarien vite fait.

En italien, le mot *ricotta* signifie cuire de nouveau et fait référence au procédé de fabrication du fromage. Fromage blanc frais utilisé dans les plats salés et sucrés, la ricotta est faite avec le reste de petit-lait provenant du lait déjà chauffé lors de la fabrication de la mozzarella et du provolone.

200 g (2 tasses) de fusilis ou de tout autre type de pâtes sèches de petite taille
2 c. à soupe de beurre
1 oignon finement haché
40 g (⅓ tasse) de farine tout usage
625 ml (2 ½ tasses) de lait
2 c. à café (2 c. à thé) de moutarde de Dijon
1 c. à café (1 c. à thé) de sel
½ c. à café (½ c. à thé) de poivre noir
500 g (2 tasses) de ricotta
60 g (½ tasse) de fromage asagio ou parmesan, râpé
300 g (10 oz) d'épinards surgelés hachés, décongelés et bien asséchés
2 poivrons rouges grillés (voir p. 163), hachés
2 c. à soupe de chapelure maison (voir p. 77)
2 c. à soupe de parmesan râpé

- Dans une grande casserole d'eau bouillante salée, cuire les pâtes de 7 à 8 min ou jusqu'à ce qu'elles soient al dente. Les égoutter.
- Dans une autre grande casserole, faire fondre le beurre à feu moyen. Ajouter l'oignon et cuire 5 min, en remuant de temps en temps, jusqu'à ce qu'il soit tendre. Ajouter la farine et cuire, en brassant, pendant 1 min.
- Fouetter le lait dans le mélange précédent et cuire, en brassant sans arrêt, de 8 à 10 min ou jusqu'à ce que la sauce ait épaissi. Incorporer la moutarde, le sel et le poivre.
- Ajouter les pâtes cuites, la ricotta, le fromage asagio ou parmesan, les épinards et les poivrons rouges à la sauce. Bien mélanger.
- Transférer le mélange dans la cocotte légèrement graissée d'une mijoteuse et le parsemer de la chapelure et du parmesan.
- Couvrir et cuire à basse température de 6 à 8 h ou à température élevée de 3 à 4 h ou jusqu'à ce que ce soit très chaud et que ça fasse des bulles.

Macaroni au fromage cuit lentement

8 à 10 portions

Grandeur de la mijoteuse : 5 à 6 litres (14 à 24 tasses)

Tout le monde aime le bon vieux macaroni au fromage. Il en existe évidemment plusieurs versions, mais je veux vous en présenter une qui se fait en un clin d'œil. C'est l'une de mes préférées pour la mijoteuse. La recette est encore plus facile à faire avec la soupe au cheddar condensée qui réagit bien à la cuisson lente à la mijoteuse.

Écrasez les biscottes Melba avec un rouleau à pâtisserie ou passez-les au mélangeur ou au robot culinaire. Cela rendra le plat croustillant.

Macaroni au fromage, au jambon et au poivron rouge
Ajoutez 170 g (1 tasse) de jambon cuit, haché et 1 poivron rouge grillé (voir p. 163), haché au macaroni et au mélange d'œuf.

300 g (3 tasses) de macaronis ou de tout autre type
    de pâtes sèches de petite taille
60 ml (¼ tasse) de beurre fondu
2 œufs légèrement battus
385 ml (13 oz) de lait concentré en conserve
2 boîtes de 284 ml (10 oz) de soupe au cheddar condensée
    en conserve, non diluée
1 c. à café (1 c. à thé) de moutarde sèche
405 g (3 tasses) de cheddar râpé, au total
Une pincée de paprika
6 biscottes Melba émiettées (facultatif)

- Cuire les macaronis dans une grande casserole d'eau bouillante salée de 7 à 10 min ou jusqu'à ce qu'ils soient al dente. Les égoutter et les placer dans la cocotte légèrement graissée d'une mijoteuse. Verser le beurre fondu sur les macaronis et remuer pour bien couvrir les pâtes de beurre.
- Dans un bol, fouetter les œufs, le lait concentré, la soupe au cheddar, la moutarde et 270 g (2 tasses) de cheddar râpé. Ajouter ce mélange aux macaronis et bien incorporer le tout.
- Couvrir et cuire à basse température de 3 à 4 h ou jusqu'à ce que ça fasse des bulles et que les côtés soient légèrement dorés.
- Dans un petit bol, mélanger le reste du cheddar, le paprika et les biscottes émiettées, si désiré. Parsemer le macaroni de ce mélange.
- Couvrir et cuire à basse température de 15 à 20 min ou jusqu'à ce que le fromage soit fondu.

Lentilles barbecue

Grandeur de la mijoteuse : 3,5 à 6 litres (14 à 24 tasses)

Voici une délicieuse version végétarienne d'un grand favori des familles. Pour faire une présentation un peu semblable à celle que l'on ferait au Moyen-Orient, garnissez des pains pitas couverts de laitue de lentilles. La laitue empêche les lentilles d'imbiber le pain.

Les lentilles, qui sont une source abordable de protéines, contiennent aussi beaucoup de fibres, de glucides complexes et de vitamines B. Pour la cuisson à la mijoteuse, il est préférable d'utiliser des lentilles vertes ou brunes, et non les petites lentilles rouges ou jaunes qui se brisent pendant la cuisson.

170 g (1 tasse) de lentilles sèches, rincées et triées (voir p. 147)
500 ml (2 tasses) d'eau
180 g (1 ½ tasse) de céleri finement haché
210 g (1 ½ tasse) de carottes finement hachées
1 gros oignon finement haché
180 g (¾ tasse) de ketchup
2 c. à soupe de cassonade bien tassée
2 c. à soupe de sauce Worcestershire
2 c. à soupe de vinaigre de cidre
8 petits pains empereur (kaisers), coupés en 2 et légèrement grillés
8 tranches de cheddar (facultatif)

- Dans une casserole, mettre les lentilles et l'eau. Porter à ébullition et réduire le feu. Couvrir et laisser mijoter 10 min. Transférer les lentilles et l'eau dans la cocotte d'une mijoteuse.
- Ajouter le céleri, les carottes, l'oignon, le ketchup, la cassonade et la sauce Worcestershire au contenu de la mijoteuse. Bien mélanger.
- Couvrir et cuire à basse température de 10 à 12 h ou à température élevée de 4 à 6 h ou jusqu'à ce que les lentilles soient tendres. Juste avant de servir, incorporer le vinaigre.
- Verser 105 g (½ tasse) de la garniture sur la partie inférieure des petits pains. Garnir de cheddar, si désiré, et couvrir de la partie supérieure des pains.

Les fèves au lard du cow-boy

Grandeur de la mijoteuse : 3,5 à 6 litres (14 à 24 tasses)

Les haricots rouges et les haricots pinto forment ici un copieux plat principal végétarien, mais vous pouvez aussi ajouter du bacon cuit, haché ou servir ce plat pour accompagner les côtes de bœuf ou de porc (voir p. 92, 115, 118 et 119) et la Salade de chou crémeuse, vite faite (voir p. 57).

Vous pouvez faire à l'avance…

Vous pouvez faire ce plat jusqu'à 24 h avant de le faire cuire. Placez au réfrigérateur toute la nuit dans la cocotte d'une mijoteuse. La journée suivante, mettez la cocotte dans la mijoteuse et continuez à cuire tel que mentionné dans la recette.

2 c. à soupe d'huile végétale
2 oignons hachés
4 branches de céleri finement hachées
3 gousses d'ail émincées
2 boîtes de 540 ml (19 oz) de haricots pinto ou romains
    en conserve, rincés et égouttés ou 750 g (4 tasses)
    de haricots cuits à la maison (voir p. 147)
540 ml (19 oz) de haricots rouges en conserve,
    rincés et égouttés ou 375 g (2 tasses) de haricots cuits à la maison
375 ml (1 ½ tasse) de salsa
250 ml (1 tasse) de sauce barbecue
125 ml (½ tasse) de mélasse de fantaisie
70 g (¼ tasse) de moutarde de Dijon
Une bouteille de 341 ml (12 oz) de bière
15 g (¼ tasse) de persil frais, haché
Sel et poivre noir ou goût

- Dans une grande poêle antiadhésive, chauffer l'huile à feu moyen-élevé. Ajouter les oignons, le céleri et l'ail. Cuire, en remuant de temps en temps, pendant 3 min ou jusqu'à ce que les légumes soient tendres. À l'aide d'une écumoire, transférer le mélange d'oignons dans la cocotte d'une mijoteuse.
- Ajouter les haricots, la salsa, la sauce barbecue, la mélasse, la moutarde, la bière et le persil au contenu de la mijoteuse. Bien mélanger.
- Couvrir et cuire à basse température de 6 à 10 h ou à température élevée de 3 à 4 h ou jusqu'à ce que ce soit très chaud et que ça fasse des bulles. Saler et poivrer.

Haricots noirs à la cubaine

6 à 8 portions

Grandeur de la mijoteuse : 3,5 à 6 litres (14 à 24 tasses)

Pour les Cubains, les haricots noirs sont un aliment de base. Couronnez ce chili de fromage Monterey Jack râpé, de tomate hachée et, pour ajouter un peu de piquant, d'une cuillerée de crème sure aromatisée au chipotle – mélangez 240 g (1 tasse) de crème sure avec 1 c. à café (1 c. à thé) de chipotle émincés dans la sauce adobo.

Vous pouvez faire à l'avance...

Vous pouvez faire ce plat jusqu'à 24 h avant de le faire cuire. Placez le mélange au réfrigérateur toute la nuit dans la cocotte d'une mijoteuse. La journée suivante, mettez la cocotte dans la mijoteuse et continuez à cuire tel que mentionné dans la recette.

1 gros oignon finement haché
4 gousses d'ail émincées
3 boîtes de 540 ml (19 oz) de haricots noirs en conserve, rincés et égouttés ou 1,1 kg (6 tasses) de haricots cuits à la maison (voir p. 147)
250 ml (1 tasse) de bouillon de légumes
2 c. à soupe de sucre cristallisé
2 c. à soupe de jus de citron vert
¼ c. à café (¼ c. à thé) de sel
¼ c. à café (¼ c. à thé) de poivre noir
¼ c. à café (¼ c. à thé) d'origan séché
1 feuille de laurier
1 poivron rouge, épépiné et finement haché
2 c. à soupe de coriandre fraîche, hachée

- Mettre l'oignon, l'ail, les haricots, le bouillon, le sucre, le jus de citron vert, le sel, le poivre, l'origan et la feuille de laurier dans la cocotte d'une mijoteuse.
- Couvrir et cuire à basse température de 6 à 10 h ou à température élevée de 3 à 4 h ou jusqu'à ce que ce soit chaud.
- Jeter la feuille de laurier. Mettre 180 g (1 tasse) du mélange de haricots chaud dans un bol et en faire une purée grossière avec un pilon. Mettre ensuite la purée dans la mijoteuse.
- Incorporer le poivron rouge et la coriandre. Couvrir et cuire à température élevée de 15 à 20 min ou jusqu'à ce que ce soit bien chaud.

Les chipotle

Les chipotle sont des piments jalapeños fumés, mais ils sont beaucoup plus forts que les piments jalapeños frais ou en conserve. On peut les trouver au supermarché, dans la section des produits mexicains, et les acheter séchés ou en conserve dans la sauce adobo. Faites congeler les restes de chipotle dans la sauce dans des bacs à glaçons, puis mettez les cubes dans un sac de congélation.

Haricots cannellinis à la paysanne

4 à 6 portions

Grandeur de la mijoteuse : 3,5 à 6 litres (14 à 24 tasses)

Cette simple combinaison de haricots blancs accompagnés de tomate et de légumes constitue le plat végétarien idéal. Vous pouvez le servir comme plat principal. C'est aussi un bon accompagnement pour la volaille ou la viande et, servi froid, en salade, c'est tout à fait délicieux. Pour obtenir une version non végétarienne, garnissez les haricots de bacon cuit, émietté.

Le chou frisé fait partie des légumes verts à feuilles qui renferment beaucoup de fibres et qui contiennent plusieurs nutriments essentiels. Retirez les tiges et toutes les parties dures des feuilles avant l'utilisation.

Vous pouvez faire à l'avance...
Vous pouvez faire ce plat jusqu'à 24 h avant de le faire cuire. Placez le mélange au réfrigérateur toute la nuit dans la cocotte d'une mijoteuse. La journée suivante, déposez la cocotte dans la mijoteuse et continuez la cuisson tel que mentionné dans la recette.

540 ml (19 oz) de haricots blancs (cannellinis) en conserve, rincés et égouttés
  ou 450 g (2 tasses) de haricots cuits à la maison (voir p. 147)
540 ml (19 oz) de tomates étuvées en conserve, avec le jus
125 ml (½ tasse) de bouillon de légumes
1 branche de céleri finement hachée
1 oignon finement haché
2 gousses d'ail émincées
2 feuilles de laurier
2 c. à soupe d'huile d'olive
½ c. à café (½ c. à thé) de sauge séchée
½ c. à café (½ c. à thé) de romarin séché, émietté
2 c. à soupe de vin rouge sec
120 g (1 tasse) de feuilles de chou frisé, hachées

- Mettre les haricots, les tomates, le bouillon, le céleri, l'oignon, l'ail, les feuilles de laurier, l'huile, la sauge et le romarin dans la cocotte d'une mijoteuse. Bien mélanger.
- Couvrir et cuire à basse température de 6 à 10 h ou à température élevée de 3 à 4 h ou jusqu'à ce que ce soit très chaud et que ça fasse des bulles.
- Incorporer le vin et le chou. Couvrir et laisser reposer 5 min pour attendrir les feuilles de chou. Jeter les feuilles de laurier avant de servir.

La coriandre
La coriandre fraîche, que l'on appelle aussi persil chinois, a une odeur caractéristique et une saveur qui se marie bien avec plusieurs chilis comme avec les plats asiatiques et indiens. Pour profiter au maximum de son temps de conservation très court au réfrigérateur, il faut bien laver les feuilles, les assécher sans tarder, puis les envelopper dans du papier essuie-tout. Gardez-la au réfrigérateur dans un sac de plastique. Si des racines y sont encore attachées, conservez-les. Cela permettra à la coriandre de rester fraîche plus longtemps.

Riz et haricots à la mexicaine

4 à 6 portions

Grandeur de la mijoteuse : 3,5 à 6 litres (14 à 24 tasses)

Voici un merveilleux plat végétarien que toute la famille peut apprécier. Servez-le avec une salade verte nappée de vinaigrette.

Vous pouvez faire à l'avance...

Vous pouvez faire ce plat en partie jusqu'à 24 h avant de le faire cuire. Préparez-le jusqu'à la fin de la 4e étape de la recette.

Placez-le ensuite au réfrigérateur toute la nuit dans la cocotte d'une mijoteuse. La journée suivante, déposez la cocotte dans la mijoteuse et continuez la cuisson, tel que mentionné dans la recette. Faites cuire le riz et préparez le poivron vert, la coriandre et le fromage la veille, pour vous faciliter la tâche quand vous rentrerez à la maison à la fin de la journée.

1 c. à soupe d'huile végétale
1 oignon finement haché
2 gousses d'ail émincées
1 c. à soupe de chili en poudre
1 c. à café (1 c. à thé) de cumin moulu
¼ c. à café (¼ c. à thé) de cayenne
¼ c. à café (¼ c. à thé) de poivre noir
540 ml (19 oz) de tomates concassées en conserve, avec le jus
540 ml (19 oz) de haricots rouges en conserve, rincés et égouttés ou
    375 g (2 tasses) de haricots cuits à la maison (voir p. 147)
220 g (1 tasse) de maïs en grains frais ou surgelé, décongelé
2 poivrons rouges grillés (voir p. 163), finement hachés
390 g (2 tasses) de riz cuit, soit environ 125 g (⅔ tasse) non cuit
½ poivron vert, épépiné et haché
1 c. à soupe de coriandre fraîche, hachée
135 g (1 tasse) de cheddar râpé

- Dans une grande poêle antiadhésive, chauffer l'huile à feu moyen-élevé. Ajouter l'oignon et l'ail et cuire, en remuant de temps en temps, pendant 5 min ou jusqu'à ce que ce soit tendre et translucide.
- Incorporer le chili en poudre, le cumin, le cayenne et le poivre et cuire, en brassant, pendant 1 min.
- Ajouter les tomates et porter à ébullition. Cuire, en brassant, pendant 3 min, en raclant le fond de la poêle pour enlever tous les petits morceaux qui y ont adhéré.
- Transférer le mélange de légumes dans la cocotte d'une mijoteuse. Y incorporer les haricots, le maïs et les poivrons rouges grillés.
- Couvrir et cuire à basse température de 6 à 10 h ou à température élevée de 3 à 4 h ou jusqu'à ce que ça fasse des bulles.
- Incorporer le riz cuit, le piment vert et la coriandre. Parsemer du cheddar. Couvrir et cuire à température élevée de 15 à 20 min ou jusqu'à ce que ce soit bien chaud et que le fromage soit fondu.

Haricots et pois chiches cuits longtemps

8 à 10 portions

Grandeur de la mijoteuse : 3,5 à 6 litres (14 à 24 litres)

Proche parent des traditionnelles fèves au lard, ce plat chaud et nourrissant peut être un bon accompagnement à des saucisses ou à des côtelettes de porc.

Vous pouvez utiliser des haricots en conserve, mais les haricots secs, cuits à la maison, sont économiques et ils ont souvent meilleur goût.

Pour obtenir une version non végétarienne de ce plat, ne mettez pas d'huile et faites cuire 3 tranches de bacon hachées avec les oignons.

1 c. à soupe d'huile végétale
1 gros oignon finement haché
540 ml (19 oz) de haricots blancs en conserve, rincés et égouttés ou 450 g (2 tasses) de haricots cuits à la maison
540 ml (19 oz) de haricots rouges en conserve, rincés et égouttés ou 375 g (2 tasses) de haricots cuits à la maison
540 ml (19 oz) de pois chiches en conserve, rincés et égouttés ou 235 g (2 tasses) de pois chiches cuits à la maison
213 ml (7 ½ oz) de sauce tomate en conserve
125 g (½ tasse) de ketchup
2 c. à soupe de cassonade bien tassée
2 c. à café (2 c. à thé) de moutarde préparée
285 g (2 tasses) de haricots verts surgelés, décongelés

- Dans une grande poêle antiadhésive, chauffer l'huile à feu moyen-élevé. Ajouter l'oignon et cuire, en remuant de temps en temps, pendant 5 min ou jusqu'à ce que ce soit tendre. Transférer l'oignon dans la cocotte d'une mijoteuse.
- Ajouter les haricots blancs et rouges, les pois chiches, la sauce tomate, le ketchup, la cassonade et la moutarde au contenu de la mijoteuse. Bien mélanger.

Vous pouvez faire ce plat
jusqu'à 24 avant de le faire
cuire. Placez au réfrigérateur
toute la nuit dans la cocotte
d'une mijoteuse. La journée
suivante, déposez la cocotte
dans la mijoteuse et
continuez la cuisson tel que
mentionné dans la recette.

- Couvrir et cuire à basse température de 6 à 10 h ou à température élevée de 3 à 4 h ou jusqu'à ce que ce soit très chaud et que ça fasse des bulles.
- Mettre les haricots verts dans la mijoteuse. Couvrir et cuire à température élevée de 20 à 30 min ou jusqu'à ce que les haricots verts soient bien chauds.

Haricots cuits à la maison

Retirez tous les haricots séchés ou cassés, puis mettez les haricots qui sont en bon état dans une passoire et rincez-les à l'eau courante.

Déposez les haricots dans une casserole et couvrez-les d'eau froide. Portez à ébullition, sur la cuisinière, réduisez le feu et laissez mijoter 10 min. Égouttez et rincez bien.

Transférez les haricots dans la cocotte d'une mijoteuse et couvrez-les d'eau fraîche. Calculez environ 1,5 litre (6 tasses) d'eau pour 450 g (1 lb) de haricots. Placez le couvercle sur la mijoteuse, puis faites cuire les haricots à basse température de 12 à 15 h ou jusqu'à ce qu'ils soient tendres.

Vous pouvez conserver les haricots refroidis au réfrigérateur dans leur liquide de cuisson jusqu'à 4 jours. Ou égouttez-les et placez-les au congélateur dans des contenants de plastique jusqu'au moment de l'utilisation.

Saumon poché

Grandeur de la mijoteuse : 3,5 à 6 litres (14 à 24 tasses)

Quand j'étais enfant, j'ai assisté à un cours de cuisine. Roger, notre professeur, nous a servi un saumon poché bien tendre, et j'ai adapté ce plat à la mijoteuse. Servez le saumon chaud ou froid dans un buffet et garnissez-le de tranches de citron et de brins de persil et d'aneth.

LIQUIDE POUR POCHER LE SAUMON
1,5 litre (6 tasses) d'eau
250 ml (1 tasse) de vin blanc sec
2 branches de céleri, en tranches
2 brins de persil
1 oignon pelé et coupé en quartiers
1 carotte pelée, en tranches
1 c. à café (1 c. à thé) de thym séché
½ c. à café (½ c. à thé) de sel
½ c. à café (½ c. à thé) de poivre en grains
1 feuille de laurier

LE SAUMON
1 filet de saumon d'environ 1,3 à 1,8 kg (3 à 4 lb)

LA SAUCE AU CONCOMBRE ET À L'ANETH
220 g (1 tasse) de mayonnaise
240 g (1 tasse) de crème sure
75 g (½ tasse) de concombre finement haché
1 c. à café (1 c. à thé) d'aneth frais, haché
½ c. à café (½ c. à thé) de sel
¼ c. à café (¼ c. à thé) de poivre noir

- Pour préparer le liquide pour pocher le saumon : dans une casserole, mettre l'eau, le vin, le céleri, le persil, l'oignon, la carotte, le thym, le sel, le poivre et la feuille de laurier. Porter à ébullition sur la cuisinière, réduire le feu et laisser mijoter 30 min. Égoutter dans une passoire et jeter les éléments solides. Réserver le liquide.
- Pour préparer le saumon : préchauffer la mijoteuse à température élevée pendant 15 min. Couvrir le fond de la cocotte de la mijoteuse de 2 couches de mousseline à fromage ou plier en 2 un morceau de papier d'aluminium de 60 cm (2 pi) dans le sens de la longueur, puis le mettre au fond de la mijoteuse. Déposer le saumon sur la mousseline ou le papier d'aluminium, puis verser sur le poisson le liquide bouillant pour pocher le saumon.
- Couvrir et cuire à température élevée pendant 1 h.

Vous pouvez faire le liquide
pour pocher le saumon
jusqu'à 24 h à l'avance.
Placez-le au réfrigérateur
jusqu'au moment de
l'utilisation et réchauffez-le
sur la cuisinière avant de le
mettre dans la mijoteuse.

- Avec des gants de cuisine, retirer la cocotte de la mijoteuse et laisser reposer le saumon dans le liquide pendant 20 min. Si l'on sert le
saumon froid, on peut placer la cocotte au réfrigérateur pour permettre
au poisson de refroidir dans le liquide.
- À l'aide de la mousseline à fromage ou des poignées de papier d'aluminium, retirer le saumon de la cocotte, puis le déposer délicatement
sur un plateau.
- Pour préparer la sauce : dans un bol, mélanger la mayonnaise, la
crème sure, le concombre, l'aneth, le sel et le poivre. Servir le saumon
avec la sauce.

Chili aux légumes et garniture de crème sure

6 portions

Grandeur de la mijoteuse : 3,5 à 6 litres (14 à 24 tasses)

Ce chili aux légumes contient une grande quantité de légumes frais qui ont mijoté dans une sauce riche. Le cacao donne à ce plat une authentique saveur mexicaine. Servez le chili avec des muffins à la semoule de maïs ou avec des pains bâtons.

Pour hacher les légumes rapidement, utilisez un robot culinaire. Les tomates broyées donnent au chili une consistance onctueuse.

Vous pouvez faire à l'avance...

Vous pouvez faire ce chili jusqu'à 24 h avant de le faire cuire. Placez-le au réfrigérateur toute la nuit dans la cocotte d'une mijoteuse. La journée suivante, déposez la cocotte dans la mijoteuse et continuez la cuisson tel que mentionné dans la recette. Préparez la garniture de crème sure et placez-la au réfrigérateur jusqu'au moment de servir.

1 courgette coupée en 4 dans le sens de la longueur, en tranches
1 branche de céleri hachée
1 carotte pelée et hachée
1 oignon finement haché
2 gousses d'ail émincées
2 boîtes de 398 ml (14 oz) de haricots rouges en conserve, rincés et égouttés ou 560 g (3 tasses) de haricots cuits à la maison (voir p. 147)
540 ml (19 oz) de tomates concassées en conserve, avec le jus
398 ml (14 oz) de tomates broyées en conserve
125 ml (½ tasse) de bouillon de légumes
1 c. à soupe de chili en poudre
1 c. à soupe de cacao en poudre, non sucré
½ c. à café (½ c. à thé) d'origan séché
½ c. à café (½ c. à thé) de cumin moulu
Quelques gouttes de sauce au piment rouge
½ c. à café (½ c. à thé) de sel
¼ c. à café (¼ c. à thé) de poivre noir
120 g (½ tasse) de crème sure
65 g (½ tasse) de cheddar râpé
4 oignons verts, hachés

- Mettre la courgette, le céleri, la carotte, l'oignon, l'ail, les haricots, les tomates, le bouillon, le chili en poudre, le cacao, l'origan, le cumin, la sauce, le sel et le poivre dans la cocotte d'une mijoteuse.
- Couvrir et cuire à basse température de 6 à 8 h ou à température élevée de 3 à 4 h ou jusqu'à ce que ça fasse des bulles.
- Dans un bol, mélanger la crème sure, le cheddar et les oignons verts.
- Verser le chili dans des bols de service individuels, puis ajouter la garniture de crème sure.

Les céréales et les
plats d'accompagnement

Le granola du petit-déjeuner

Donne environ 480 g (4 tasses)

Grandeur de la mijoteuse : 5 à 6 litres (20 à 24 tasses)

Ce mélange croustillant est la garniture parfaite pour les céréales chaudes ou le yogourt. C'est aussi délicieux servi seul avec du lait.

Vous pouvez remplacer le jus de canneberge par du jus de pomme concentré, surgelé. Utilisez des fruits séchés comme les canneberges, les cerises ou les abricots hachés.

Les granola croquants
Donne env. 4 douzaines. Dans un bain-marie, sur de l'eau chaude (mais pas bouillante), faites fondre 125 g (1 tasse) de beurre d'arachide, 180 g (1 tasse) de grains de chocolat au lait et 120 g (½ tasse) de beurre. Incorporez 145 g (3 tasses) de nouilles à chow mein sèches et 120 g (1 ½ tasse) de granola. Versez par grosses cuillerées à café sur des tôles à biscuits couvertes de papier ciré. Mettez au froid jusqu'à ce que ce soit ferme. Conservez dans des contenants hermétiques, en plaçant du papier ciré entre chaque rangée. Se conserve au frigo ou au congélateur jusqu'à 2 semaines.

220 g (2 tasses) de gros flocons d'avoine
30 g (¼ tasse) de germe de blé, non cuit
2 c. à soupe de graines de sésame
55 g (½ tasse) d'amandes ou de pacanes, hachées
35 g (½ tasse) de noix de coco, en flocons
125 ml (½ tasse) de miel liquide
60 ml (¼ tasse) de jus de canneberge concentré surgelé, décongelé
60 ml (¼ tasse) de beurre fondu
2 c. à soupe de cassonade bien tassée
1 ½ c. à café (1 ½ c. à thé) de vanille
140 g (1 tasse) de fruits séchés
95 g (½ tasse) de raisins secs

- Dans la cocotte d'une mijoteuse, mettre l'avoine, le germe de blé, les graines de sésame, les amandes ou les pacanes et la noix de coco.
- Dans un bol, mettre le miel, le jus de canneberge, le beurre fondu, la cassonade et la vanille. Mélanger et verser sur le mélange d'avoine. Mélanger encore.
- Cuire à découvert à température élevée de 2 à 3 h ou jusqu'à ce que presque tout le liquide soit évaporé. Remuer toutes les 30 min pendant la cuisson.
- Réduire à basse température, couvrir et cuire de 3 à 4 h ou jusqu'à ce que le granola soit sec et croustillant. Brasser souvent pour éviter que le mélange ne soit trop doré.
- Étendre le granola sur une tôle à biscuits, puis laisser refroidir à température ambiante. Y mélanger les fruits séchés et les raisins. Se conserve dans un contenant hermétique à température ambiante jusqu'à 1 mois.

Porridge à l'érable et aux pacanes

4 portions

Grandeur de la mijoteuse : 3,5 à 6 litres (14 à 24 tasses)

Ces céréales nourrissantes servies avec du lait vous feront partir du bon pied. Commencez la cuisson la veille pour qu'un bol de porridge chaud attende les lève-tôt.

Utilisez une céréale à porridge multigrains non cuite qui contient des grains entiers comme le blé concassé, le seigle et le lin.

Vous pouvez faire à l'avance…
Vous pouvez préparer les ingrédients et commencer la cuisson la veille. Le porridge sera chaud et prêt à manger le lendemain matin.

750 ml (3 tasses) d'eau
110 g (1 tasse) de céréales multigrains non cuites
2 c. à soupe de sirop d'érable
½ c. à café (½ c. à thé) de sel
1 ½ c. à café (1 ½ c. à thé) de vanille
55 g (½ tasse) de pacanes ou d'amandes hachées, grillées (facultatif)

- Mettre l'eau, les céréales, le sirop d'érable, le sel et la vanille dans la cocotte d'une mijoteuse.
- Couvrir et cuire à basse température de 8 à 10 h ou jusqu'à ce que le mélange soit assez épais.
- Verser dans des bols individuels et parsemer de noix hachées, si désiré.

Les noix grillées
Quand on fait griller les noix, cela en améliore la saveur et la texture. Étendez les noix sur une tôle à biscuits, puis faites-les griller au four à 180 °C (350 °F) de 5 à 7 min ou jusqu'à ce qu'elles soient bien dorées, en brassant de temps en temps.

Pain à la mélasse

Grandeur de la mijoteuse : 5 à 6 litres (20 à 24 tasses)

Ce pain classique cuit à la vapeur est un harmonieux mélange de céréales et de mélasse. Servez-le chaud à n'importe quel repas.

Vous pouvez cuire ce pain dans 3 boîtes de conserve de légumes de 540 ml (19 oz) chacune ou dans une grande boîte de café de 450 g (1 lb). Un bol à mélanger en verre résistant de 1,5 litre (6 tasses) pourrait aussi faire l'affaire.

55 g (½ tasse) de farine de seigle
75 g (½ tasse) de semoule de maïs
70 g (½ tasse) de farine de blé entier
3 c. à soupe de sucre cristallisé
1 c. à café (1 c. à thé) de bicarbonate de soude
¾ c. à café (¾ c. à thé) de sel
60 g (½ tasse) de noix de Grenoble hachées
95 g (½ tasse) de raisins secs
250 ml (1 tasse) de babeurre ou de lait sur (voir p. 185)
80 ml (⅓ tasse) de mélasse de fantaisie

- Dans un grand bol, tamiser la farine de seigle, la semoule de maïs, la farine de blé entier, le sucre, le bicarbonate de soude et le sel. Incorporer les noix et les raisins.
- Dans un petit bol, fouetter le babeurre et la mélasse. Ajouter cette préparation aux ingrédients secs. Brasser jusqu'à ce que ce soit bien mélangé.
- Répartir le mélange également dans 3 boîtes de conserve légèrement graissées de 540 ml (19 oz), dans une grande boîte à café ou dans un bol à mélanger. Graisser légèrement 3 morceaux de papier d'aluminium de 15 cm (6 po). Mettre un morceau de papier, le côté graissé vers le bas, sur le dessus de chaque boîte. Fixer le papier avec des bandes élastiques ou avec de la ficelle. Si l'on utilise une boîte à café ou un bol à mélanger, adapter la longueur des morceaux de papier d'aluminium.
- Déposer les boîtes de conserve dans la cocotte d'une mijoteuse. Verser suffisamment d'eau bouillante pour que l'eau arrive à mi-hauteur des boîtes. Il faut s'assurer que le papier ne touche pas l'eau.
- Couvrir et cuire à basse température de 3 à 4 h ou jusqu'à ce que la pointe d'un couteau que l'on insère au centre des pains en ressorte propre.
- Retirer les boîtes de la mijoteuse et les laisser refroidir 5 min. Laisser les boîtes de conserve sur le côté. Les rouler, puis frapper doucement de tous les côtés jusqu'à ce que les pains s'en détachent. Sortir les pains des boîtes et les laisser refroidir complètement sur des grilles métalliques.

Pain de maïs

Grandeur de la mijoteuse : 5 à 6 litres (20 à 24 tasses)

Voici l'une des recettes préférées de mon mari. Servez ce pain pour accompagner le chili ou le ragoût ou servez-en des tranches épaisses avec du sirop d'érable chaud pour vous gâter un peu.

Vous pouvez cuire le pain de maïs dans la mijoteuse en gardant le couvercle légèrement entrouvert pour permettre à l'humidité de s'échapper.

Dans cette recette, il n'est pas nécessaire de fixer le papier d'aluminium avec des bandes élastiques ou de la ficelle, car il n'y a pas d'eau au fond de la mijoteuse.

150 g (1 ¼ tasse) de farine tout usage
110 g (¾ tasse) de semoule de maïs
50 g (¼ tasse) de sucre cristallisé
1 c. à café (1 c. à thé) de levure chimique (poudre à pâte)
1 c. à café (1 c. à thé) de bicarbonate de soude
1 c. à café (1 c. à thé) de sel
1 œuf légèrement battu
250 ml (1 tasse) de babeurre ou de lait sur (voir p. 185)
60 ml (¼ tasse) d'huile végétale

- Allumer la mijoteuse à basse température pour préchauffer la cocotte.
- Dans un grand bol, mélanger la farine, la semoule de maïs, le sucre, la levure chimique, le bicarbonate de soude et le sel.
- Dans un petit bol, fouetter l'œuf, le babeurre et l'huile.
- Faire un puits au milieu des ingrédients secs, puis y verser les ingrédients liquides. Mélanger jusqu'à ce que le mélange soit humide.
- Verser la pâte dans un moule à soufflé de 2 litres (8 tasses) légèrement graissé ou dans un contenant à café de 900 g (2 lb) et couvrir de papier d'aluminium. Mettre le contenant au fond de la cocotte préchauffée de la mijoteuse.
- Couvrir et cuire à basse température de 3 à 4 h ou à température élevée de 1 h 30 à 2 h ou jusqu'à ce que les bords du pain soient dorés et qu'un couteau inséré au centre en ressorte propre.

Chou et framboises braisés

Grandeur de la mijoteuse : 3,5 à 6 litres (14 à 24 tasses)

Ma mère était à mes côtés quand j'ai fait les premiers essais de ce plat. Et elle l'a décrit comme incroyable. Parfait pour l'Action de grâces ou pour un repas de Noël, il se marie aussi particulièrement bien avec le rôti de porc.

Vous pouvez faire cette recette avec du chou rouge ou vert. Le jus des framboises rendra le chou vert rouge vif et le rouge du chou rouge sera encore plus éclatant.

1 chou moyen vert ou rouge, en tranches fines
2 oignons en tranches fines
95 g (½ tasse) de canneberges séchées
240 g (2 tasses) de framboises fraîches ou 1 paquet de 300 g (10 oz)
   de framboises surgelées non sucrées, décongelées
180 ml (¾ tasse) de vinaigre de framboise
60 ml (¼ tasse) de beurre fondu
105 g (½ tasse) de sucre cristallisé
1 c. à café (1 c. à thé) de sel

- Placer le chou, les oignons, les canneberges et les framboises dans la cocotte d'une mijoteuse.
- Dans un petit bol, mélanger le vinaigre, le beurre, le sucre et le sel. Verser sur la préparation de chou et bien mélanger.
- Couvrir et cuire à basse température de 4 à 6 h ou jusqu'à ce que le chou soit tendre.

Maïs en sauce

Grandeur de la mijoteuse : 3,5 à 6 litres (14 à 24 tasses)

Voici un merveilleux plat d'accompagnement pour ensoleiller les beaux jours d'été.

Vous pouvez ajouter 65 g (½ tasse) de cheddar râpé juste avant de servir. Parsemez la casserole de fromage, couvrez-la et faites cuire à haute température pendant 5 min ou jusqu'à ce que le fromage soit fondu.

Haricots de Lima en sauce
Vous pouvez remplacer le maïs par des haricots de Lima surgelés ou par un mélange de maïs et de haricots de Lima. Utilisez 440 g (2 tasses) de maïs en grains et 360 g (2 tasses) de haricots de Lima surgelés, puis hachez la moitié du maïs et la moitié des haricots au mélangeur ou au robot tel que mentionné dans la recette.

880 g (4 tasses) de maïs en grains frais ou surgelé, décongelé
½ c. à café (½ c. à thé) de sel
½ c. à café (½ c. à thé) de thym séché
¼ c. à café (¼ c. à thé) de poivre noir
Une pincée de muscade moulue
2 c. à soupe de beurre
1 oignon finement haché
3 c. à soupe de farine tout usage
250 ml (1 tasse) de lait
2 c. à soupe de parmesan râpé

- Dans un mélangeur ou un robot culinaire, hacher grossièrement la moitié du maïs. Mettre le maïs haché dans la cocotte d'une mijoteuse avec le reste du maïs, le sel, le thym, le poivre et la muscade.
- Dans une grande poêle antiadhésive, faire fondre le beurre à feu moyen. Ajouter l'oignon et cuire, en brassant de temps en temps, pendant 5 min ou jusqu'à ce qu'il soit tendre. Ajouter la farine et cuire, en brassant, pendant 1 min.
- Verser le lait, porter à ébullition et cuire, en remuant constamment, pendant 1 min ou jusqu'à ce que ça épaississe. Incorporer le parmesan.
- Incorporer la sauce au mélange de maïs.
- Couvrir et cuire à basse température de 3 h 30 à 4 h ou jusqu'à ce que le mélange fasse des bulles sur les côtés de la mijoteuse.

Betteraves au miel et au citron

6 à 8 portions

Grandeur de la mijoteuse : 3,5 à 6 litres (14 à 24 tasses)

Ce plat tout simple accompagne très bien tous les genres de rôti. C'est aussi le compagnon idéal, l'été, des viandes ou des poissons cuits au barbecue. Quand vous préparez les betteraves à la mijoteuse au lieu de les faire bouillir, vous conservez tout leur jus qui se retrouvera dans votre assiette, plutôt que de s'écouler avec l'eau dans l'évier.

Vous pouvez faire à l'avance…

Vous pouvez faire ce plat jusqu'à 24 h avant de le faire cuire. Placez-le au réfrigérateur toute la nuit dans la cocotte d'une mijoteuse. La journée suivante, déposez la cocotte dans la mijoteuse et continuez la cuisson tel que mentionné dans la recette.

1 c. à soupe de beurre
1 oignon en tranches
8 betteraves pelées, en quartiers
2 c. à soupe de miel liquide
2 c. à soupe de jus de citron
½ c. à café (½ c. à thé) de muscade moulue
¼ c. à café (¼ c. à thé) de sel
¼ c. à café (¼ c. à thé) de poivre noir
125 ml (½ tasse) de bouillon de légumes

- Dans un poêlon, faire fondre le beurre à feu moyen. Ajouter les oignons et cuire environ 5 min ou jusqu'à ce qu'ils soient tendres, en brassant de temps en temps.
- Mettre les betteraves dans la cocotte d'une mijoteuse. Ajouter les oignons cuits, le miel, le jus de citron, la muscade, le sel, le poivre et le bouillon. Bien mélanger.
- Couvrir et cuire à basse température de 8 à 10 h ou à température élevée de 4 à 5 h ou jusqu'à ce que les betteraves soient tendres.

Les poireaux

Les poireaux ont une texture moelleuse quand on les cuit doucement avant de les ajouter aux sauces ou aux autres plats. Mais au départ, il faut bien les nettoyer, car ils contiennent beaucoup de sable. Retirez les racines et la partie vert foncé. Coupez les poireaux en 2 dans le sens de la longueur. Rincez-les bien à l'eau courante, puis égouttez-les dans une passoire.

Patates douces et panais à la normande

Grandeur de la mijoteuse : 3,5 à 6 litres (14 à 24 tasses)

Ce plat d'accompagnement est si délicieux qu'il pourrait même éclipser la dinde ou le jambon. Quand vous recevez, c'est plus simple si vous avez des légumes qui cuisent dans la mijoteuse. Cela laisse le four libre pour les autres plats.

Les panais sont des légumes-racines sucrés. Ils ressemblent à des carottes, mais ils sont blancs. Si vous avez de la difficulté à en trouver, remplacez-les par des carottes.

Vous pouvez faire à l'avance...

Vous pouvez faire ce plat jusqu'à 24 h avant de le faire cuire. Placez-le au réfrigérateur toute la nuit dans la cocotte d'une mijoteuse. La journée suivante, déposez la cocotte dans la mijoteuse et continuez la cuisson tel que mentionné dans la recette.

3 c. à soupe de beurre
2 poireaux, le blanc et la partie vert pâle seulement,
    rincés, en tranches fines
3 c. à soupe de farine tout usage
375 ml (1 ½ tasse) de crème à fouetter 35 %
1 c. à café (1 c. à thé) de sel
1 c. à café (1 c. à thé) de moutarde sèche
½ c. à café (½ c. à thé) de thym séché
¼ c. à café (¼ c. à thé) de poivre noir
2 patates douces pelées et coupées en tranches de 0,5 cm (¼ po)
2 panais pelés et coupés en tranches de 0,5 cm (¼ po)
2 c. à soupe de parmesan râpé

- Dans une grande poêle antiadhésive, faire fondre le beurre à feu moyen-doux. Ajouter les poireaux et cuire, en brassant, de 8 à 10 min ou jusqu'à ce qu'ils soient tendres. Ajouter la farine et cuire, en brassant sans arrêt, pendant 1 min.
- Incorporer doucement la crème, le sel, la moutarde, le thym et le poivre. Augmenter à feu moyen-élevé et porter à ébullition. Réduire le feu et cuire, en brassant, environ 5 min ou jusqu'à ce que le mélange soit onctueux et légèrement épais.
- Dans la cocotte légèrement graissée d'une mijoteuse, faire des couches de patates douces et de panais. Y verser la sauce à la crème, puis parsemer de fromage râpé.
- Couvrir et cuire à basse température de 5 à 7 h ou à température élevée de 3 à 4 h ou jusqu'à ce que les patates douces soient tendres.

Courge musquée à l'érable et aux pacanes

8 à 10 portions

Grandeur de la mijoteuse : 3,5 à 6 litres (14 à 24 tasses)

Cet accompagnement tout à fait divin deviendra sans doute un classique du repas de l'Action de grâces.

Si vous ne trouvez pas de courge musquée, remplacez-la par un autre type de courge d'hiver comme la courge Hubbard ou la Buttercup.

Vous pouvez faire à l'avance...
Vous pouvez faire ce plat jusqu'à 24 h avant de le faire cuire. Placez-le au réfrigérateur toute la nuit dans la cocotte d'une mijoteuse. La journée suivante, déposez la cocotte dans la mijoteuse et continuez la cuisson tel que mentionné dans la recette.

1 courge musquée d'environ 1,3 kg (3 lb)
60 ml (¼ tasse) de sirop d'érable
2 c. à soupe de beurre fondu
1 c. à café (1 c. à thé) de zeste d'orange râpé
½ c. à café (½ c. à thé) de gingembre frais, râpé
½ c. à café (½ c. à thé) de sel
½ c. à café (½ c. à thé) de poivre noir
30 g (¼ tasse) de pacanes hachées, grillées (voir p. 153)

- Laver la courge et la couper en 2 dans le sens de la longueur, en laissant la peau extérieure intacte. Retirer les graines, puis couper chaque moitié à l'horizontale en tranches de 2,5 cm (1 po) d'épaisseur. Étendre les tranches au fond de la cocotte d'une mijoteuse.
- Dans un bol, mélanger le sirop d'érable, le beurre fondu, le zeste d'orange, le gingembre, le sel et le poivre. Verser ce mélange sur les tranches de courge.
- Couvrir et cuire à basse température de 6 à 8 h ou à température élevée de 3 à 4 h ou jusqu'à ce que la chair se défasse à la fourchette. Parsemer des noix avant de servir.

Les courges d'hiver
À l'automne, il y a plusieurs types de courge d'hiver sur le marché. Recherchez celles qui ont la chair orange, comme les courges Hubbard, les courges musquées ou les Buttercup. Si vous n'êtes pas amateurs de courge, les patates douces sont une bonne solution de rechange. Certains supermarchés offrent des courges fraîches, hachées, ce qui vous évite de les peler.

Pâtes aux épinards et à la ricotta (p. 139)

Chili aux légumes et garniture de crème sure (p. 150)

Croustade aux deux petits fruits et à l'érable (p. 176)

Pudding de pain perdu aux deux chocolats et au caramel (p. 178)

Salade de pommes de terre chaude

6 portions

Grandeur de la mijoteuse : 3,5 à 6 litres (14 à 24 tasses)

Dans notre quartier, la Fête d'octobre ou Fête de la bière est un événement annuel. Et vous ne pouvez visiter un seul stand sans être tentés par une saucisse sur un petit pain, accompagnée d'une portion de cette délicieuse salade de pommes de terre.

La bière donne à cette salade une saveur riche à souhait, mais vous pouvez la remplacer par de l'eau.

5 pommes de terre pelées, coupées en quartiers, puis en morceaux de 2,5 cm (1 po)
1 gros oignon finement haché
2 branches de céleri finement hachées
2 c. à soupe de farine tout usage
2 c. à soupe de sucre cristallisé
1 c. à café (1 c. à thé) de sel
½ c. à café (½ c. à thé) de graines de céleri
¼ c. à café (¼ c. à thé) de poivre noir
125 ml (½ tasse) de bière brune ou d'eau
80 ml (⅓ tasse) de vinaigre de cidre
4 tranches de bacon bien croustillantes, émiettées
2 c. à soupe de persil frais, haché

- Mettre les pommes de terre, l'oignon et le céleri dans la cocotte d'une mijoteuse.
- Dans un petit bol, mettre la farine, le sucre, le sel, les graines de céleri et le poivre. Bien mélanger, puis parsemer les légumes qui sont dans la mijoteuse de ce mélange. Brasser pour bien enduire les légumes du mélange.
- Verser la bière et le vinaigre sur les pommes de terre.
- Couvrir et cuire à température élevée de 6 à 8 h ou jusqu'à ce que les pommes de terre soient tendres.
- Incorporer le bacon. Verser de la salade de pommes de terre chaude dans des bols de service et parsemer de persil.

Pommes de terre farcies aux légumes

6 portions

Grandeur de la mijoteuse : 3,5 à 6 litres (14 à 24 tasses)

Personne ne croira que vous avez fait ce plat dans la mijoteuse. Vous pouvez le servir comme plat principal végétarien ou pour accompagner du poulet grillé ou un bifteck.

Si vous manquez de temps, ne mettez pas les pommes de terre en purée. Servez seulement les pommes de terre cuites avec une variété de garnitures : crème sure, trempette, miettes de bacon, fromage bleu émietté et salsa. Ou servez-les avec des fèves au lard ou un reste de sauce à spaghetti et de la mozzarella râpée.

Un truc pour conserver la pelure des pommes de terre tendre : brassez-les dans l'huile avant de les faire cuire. Ceux qui aiment manger leurs pommes de terre avec la pelure voudront sans doute saler et poivrer la pelure.

6 grosses pommes de terre à cuire, non pelées
2 c. à soupe d'huile végétale
1 ½ c. à café (1 ½ c. à thé) de sel, au total
¾ c. à café (¾ c. à thé) de poivre noir, au total
2 c. à soupe de beurre
125 ml (½ tasse) de lait
120 g (½ tasse) de crème sure
1 c. à café (1 c. à thé) de moutarde de Dijon
½ c. à café (½ c. à thé) de sel
¼ c. à café (¼ c. à thé) de poivre noir
40 g (1 tasse) de petits bouquets de brocoli
1 carotte pelée et râpée ou finement hachée
75 g (½ tasse) de poivron rouge haché
65 g (½ tasse) de cheddar râpé

- Préchauffer le four à 200 °C (400 °F).
- À l'aide d'une fourchette, piquer la pomme de terre un peu partout. Badigeonner la pelure d'huile et parsemer de 1 c. à café (1 c. à thé) de sel et de ½ c. à café (½ c. à thé) de poivre. Envelopper chacune des pommes de terre de papier d'aluminium et les déposer dans la cocotte d'une mijoteuse.
- Couvrir et cuire à basse température de 6 à 10 h ou jusqu'à ce que les pommes de terre soient tendres.
- Retirer les pommes de terre de la mijoteuse et enlever le papier. Couper une tranche de 0,5 cm (¼ po) d'épaisseur sur chacune des pommes de terre. À l'aide d'une cuillère, retirer la chair des pommes de terre et la mettre dans un bol, en conservant la pelure intacte.
- Ajouter le beurre, le lait, la crème sure, la moutarde et le reste du sel et du poivre à la chair de pomme de terre. Faire une purée onctueuse. Incorporer le brocoli, la carotte, le poivron rouge et le cheddar. Remettre la purée dans la pelure.
- Déposer les pommes de terre sur une tôle à biscuits et les cuire au four préchauffé de 15 à 20 min ou jusqu'à ce que le dessus soit doré.

Haricots verts traditionnels

4 à 6 portions

Grandeur de la mijoteuse : 3,5 à 6 litres (14 à 24 tasses)

Lors de nos repas-partage, l'une de mes amies apporte toujours les meilleurs accompagnements de légumes. Dans la recette originale, on trouve des haricots verts en conserve, mais elle utilise des haricots verts à la française, surgelés. La crème de champignons condensée en conserve, qui entre aussi dans cette recette, réagit bien à la cuisson longue.

Si vous ne pouvez trouver de haricots verts à la française, surgelés, remplacez-les par des haricots verts surgelés ordinaires (les haricots frais ne donnent pas de bons résultats dans cette recette).

284 ml (10 oz) de crème de champignons condensée
   en conserve, non diluée
2 c. à soupe de crème sure
½ c. à café (½ c. à thé) de sel
½ c. à café (½ c. à thé) de poivre noir
1 c. à soupe de persil frais, haché
1 c. à café (1 c. à thé) de sauge séchée
¼ c. à café (¼ c. à thé) de muscade moulue
570 g (4 tasses) de haricots verts à la française,
   surgelés, décongelés
1 oignon finement haché
60 g (½ tasse) de poivron rouge grillé, finement haché (voir au bas de la page)
45 g (½ tasse) d'amandes en julienne ou effilées, grillées (voir p. 153)

- Dans un bol, fouetter la crème de champignons, la crème sure, le sel, le poivre, le persil, la sauge et la muscade. Ajouter les haricots verts, l'oignon et le poivron rouge. Brasser les légumes dans le mélange de soupe pour bien les couvrir du mélange. Transférer le tout dans la cocotte d'une mijoteuse.
- Couvrir et cuire à basse température de 3 à 4 h ou jusqu'à ce que ce soit très chaud et que ça fasse des bulles. Verser dans des bols de service et parsemer d'amandes grillées.

Les poivrons grillés
Vous pouvez vous procurer des poivrons rouges grillés en bocal ou frais au rayon des produits fins de certains supermarchés. Pour faire vos propres poivrons grillés, préchauffez le four à *broil*, coupez les poivrons en 2, épépinez-les et retirez les nervures. Déposez-les sur une tôle à biscuits, la partie coupée vers le bas. Placez les poivrons à environ 15 cm (6 po) de la source de chaleur et faites-les griller jusqu'à ce que la peau soit carbonisée. Mettez ensuite les poivrons dans un sac de plastique. Fermez le sac et laissez-les à l'humidité pendant environ 30 min. Pelez-les et hachez-les, au besoin.

« Risotto » à l'orge et aux champignons

6 portions

Grandeur de la mijoteuse : 3,5 à 6 litres (14 à 24 tasses)

J'adore le risotto et, si c'était possible, j'en mangerais tous les jours. Dans cette version pour la mijoteuse, l'orge permet d'obtenir un résultat semblable à celui que l'on obtient avec du riz. Même si on peut servir ce plat comme plat principal végétarien, on peut aussi en faire un accompagnement pour le bœuf, le porc, le poulet ou l'agneau.

L'orge perlé, qui est le type d'orge que l'on rencontre le plus souvent, est la céréale parfaite pour la cuisson à la mijoteuse. La cuisson longue et lente rend l'orge tendre, sans le rendre collant.

« Risotto » aux crevettes et aux champignons
Incorporez à la recette 225 g (½ lb) de crevettes décortiquées, déveinées et cuites pour les 10 dernières minutes de cuisson.

1 paquet de 14 g (½ oz) de champignons sauvages séchés, comme les shiitake ou les chanterelles
250 ml (1 tasse) d'eau bouillante
180 g (1 tasse) d'orge perlé, non cuit
1 oignon finement haché
½ c. à café (½ c. à thé) de sel
¼ c. à café (¼ c. à thé) de poivre noir
500 ml (2 tasses) de bouillon de légumes
60 ml (¼ tasse) de vin blanc sec
60 g (½ tasse) de parmesan râpé
40 g (¼ tasse) de pignons grillés

- Mettre les champignons dans un petit bol, puis y verser l'eau bouillante. Les laisser reposer pendant 15 min ou jusqu'à ce qu'ils soient tendres. Égoutter et réserver le liquide. Hacher finement les champignons.
- Mettre l'orge, l'oignon, le sel, le poivre, le bouillon, le vin, les champignons hachés et le liquide des champignons réservé dans la cocotte d'une mijoteuse.
- Couvrir et cuire à basse température de 4 à 6 h ou jusqu'à ce que l'orge soit tendre et que le liquide ait été absorbé.
- Juste avant de servir, incorporer le parmesan et les pignons.

Les pignons
Les pignons sont les graines comestibles du pin pignon, arbre qui pousse dans le Sud-Ouest des États-Unis et au Mexique. Pour faire griller les pignons, étendez-les sur une tôle à biscuits et placez-les au four à 180 °C (350 °F) pendant environ 10 min ou jusqu'à ce qu'ils soient bien dorés.

Pilaf du Moyen-Orient

Grandeur de la mijoteuse : 3,5 à 6 litres (14 à 24 tasses)

Ce plat aux légumes bien colorés et aux odeurs de cannelle et d'épices est sans doute l'un des meilleurs plats végétariens que j'ai goûté.

On peut se procurer des lentilles de diverses couleurs. Mais dans ce plat, il est préférable d'utiliser les vertes ou les brunes. Les petites lentilles rouges vont se briser pendant la cuisson.

Quand vous préparez les ingrédients, assurez-vous de râper le zeste d'orange avant d'extraire le jus.

Vous pouvez faire à l'avance…

Vous pouvez cuire le riz et faire griller les amandes la veille, il ne restera alors qu'à les incorporer à votre plat. Tout le reste peut être préparé jusqu'à 24 h avant la cuisson. Placez au réfrigérateur toute la nuit dans la cocotte d'une mijoteuse. La journée suivante, déposez la cocotte dans la mijoteuse et continuez la cuisson tel que mentionné dans la recette.

1 c. à soupe de beurre

1 oignon finement haché

2 gousses d'ail émincées

¼ c. à café (¼ c. à thé) de piment rouge séché, en flocons

¼ c. à café (¼ c. à thé) de cannelle moulue

¼ c. à café (¼ c. à thé) de coriandre moulue

Une pincée de piment de la Jamaïque moulu ou de clous de girofle moulus

540 ml (19 oz) de lentilles brunes en conserve, rincées et égouttées
    ou 340 g (2 tasses) de lentilles cuites à la maison

2 carottes pelées et râpées ou finement hachées

125 ml (½ tasse) de bouillon de légumes ou d'eau

125 ml (½ tasse) de jus d'orange

½ c. à café (½ c. à thé) de sel

390 g (2 tasses) de riz cuit, soit environ 120 g (⅔ tasse) non cuit

120 g (2 tasses) de jeunes pousses d'épinard, parées

½ c. à café (½ c. à thé) de zeste d'orange râpé

1 c. à soupe de jus de citron

20 g (¼ tasse) d'amandes effilées, grillées (voir p. 153)

30 g (¼ tasse) de raisins de Corinthe (facultatif)

- Dans une grande poêle antiadhésive, chauffer le beurre à feu moyen-élevé. Ajouter l'oignon et l'ail et cuire, en remuant de temps en temps, pendant 5 min ou jusqu'à ce qu'ils soient tendres.
- Ajouter le piment en flocons, la cannelle, la coriandre et le piment de la Jamaïque ou les clous de girofle. Cuire, en brassant, pendant 1 min ou jusqu'à ce qu'une bonne odeur s'en dégage.
- Transférer le mélange d'oignon dans la cocotte d'une mijoteuse. Ajouter les lentilles, les carottes, le bouillon, le jus d'orange et le sel. Bien mélanger.
- Couvrir et cuire à basse température de 6 à 8 h ou à température élevée de 3 à 4 h ou jusqu'à ce que ce soit très chaud et que ça fasse des bulles.
- Ajouter le riz, les épinards, le zeste d'orange, le jus de citron, les amandes et les raisins de Corinthe, si désiré. Bien mélanger.
- Couvrir et cuire à température élevée de 10 à 15 min ou jusqu'à ce que ce soit chaud et que les épinards soient tendres.

Farce traditionnelle à la sauge et au pain

10 à 12 portions

Grandeur de la mijoteuse : 3,5 à 6 litres (14 à 24 tasses)

Est-ce de la farce ou une garniture? En principe, on parle de farce quand la préparation est cuite à l'intérieur de l'oiseau et de garniture quand ce n'est pas le cas. Mais ne soyons pas puristes. De toute façon, la farce cuite à la mijoteuse est moelleuse, savoureuse et beaucoup plus facile à servir.

Farce aux fruits séchés

Incorporez 140 g (1 tasse) de fruits séchés, hachés, comme les canneberges, les pommes, les raisins secs et les raisins de Corinthe, à la farce pour la dernière heure de cuisson.

Farce aux champignons

Dans un grand poêlon, à feu moyen, faites fondre 60 g (¼ tasse) de beurre. Ajoutez 750 g (9 tasses) de champignons en tranches et faites cuire, en brassant souvent, de 10 à 12 min ou jusqu'à ce que le liquide soit évaporé et que les champignons commencent à dorer. Incorporez les champignons à la farce pour la dernière heure de cuisson.

120 g (½ tasse) de beurre
2 oignons finement hachés
2 branches de céleri finement hachées
30 g (½ tasse) de persil frais finement haché
1 ½ c. à café (1 ½ c. à thé) de romarin séché, émietté
1 ½ c. à café (1 ½ c. à thé) de thym séché
1 ½ c. à café (1 ½ c. à thé) de marjolaine séchée
1 ½ c. à café (1 ½ c. à thé) de sauge séchée
1 ½ c. à café (1 ½ c. à thé) de sel
½ c. à café (½ c. à thé) de muscade moulue
½ c. à café (½ c. à thé) de poivre noir
1 pain au levain vieux d'un jour, coupé en cubes de 1 cm (½ po)
375 ml (1 ½ tasse) de bouillon de poulet, de dinde ou de légumes

• Dans une grande poêle antiadhésive, chauffer le beurre à feu moyen-élevé. Ajouter les oignons et le céleri et cuire, en brassant de temps en temps, environ 10 min ou jusqu'à ce que les oignons soient tendres.
• Ajouter le persil, le romarin, le thym, la marjolaine, la sauge, le sel, la muscade et le poivre. Cuire, en brassant, pendant 1 min.
• Mettre les cubes de pain dans un grand bol et ajouter le mélange d'oignon. Brasser un peu. Verser le bouillon lentement, en brassant délicatement pour que le mélange soit légèrement humide. Transférer dans la cocotte d'une mijoteuse.
• Couvrir et cuire à température élevée pendant 1 h. Réduire à basse température et poursuivre la cuisson de 2 à 3 h ou jusqu'à ce que ce soit bien chaud. (Dans la mijoteuse, la farce restera assez chaude. Quand la farce est cuite, on peut la laisser dans la mijoteuse à basse température jusqu'à 3 h.)

Farce au riz sauvage, aux amandes et aux canneberges

8 à 10 portions

Grandeur de la mijoteuse : 3,5 à 6 litres (14 à 24 tasses)

Voici une farce pour les occasions spéciales. Elle peut accompagner n'importe quel rôti, mais elle est particulièrement savoureuse avec le rôti de porc.

Le riz sauvage n'est pas du riz à proprement parler, c'est plutôt la graine d'une plante aquatique originaire du nord des Grands Lacs. Il possède un merveilleux goût de noisette et une texture croquante qui rehausse les farces, les plats en casserole, les soupes et les salades.

120 g (½ tasse) de beurre
1 gros oignon finement haché
2 gousses d'ail émincées
15 g (¼ tasse) de persil frais, haché
1 c. à soupe de thym frais, haché ou 1 c. à café (1 c. à thé) de thym séché
750 ml (3 tasses) de bouillon de poulet ou de légumes
160 g (1 tasse) de riz sauvage non cuit
195 g (1 tasse) de riz cuit, soit environ 45 g (¼ tasse) non cuit
95 g (½ tasse) de canneberges séchées
55 g (½ tasse) d'amandes grillées, hachées (voir p. 153)
55 g (½ tasse) d'oignons verts hachés
Sel et poivre noir au goût

- Dans une grande poêle antiadhésive, faire fondre le beurre à feu moyen-élevé. Ajouter l'oignon et l'ail et cuire, en remuant de temps en temps, de 4 à 5 min ou jusqu'à ce qu'ils soient tendres.
- Ajouter le persil et le thym. Cuire, en brassant, pendant 1 min.
- Transférer le mélange d'oignon dans la cocotte d'une mijoteuse, puis incorporer le bouillon et le riz sauvage.
- Couvrir et cuire à basse température de 6 à 8 h ou à température élevée de 3 à 4 h ou jusqu'à ce que presque tout le liquide ait été absorbé et que le riz se détache facilement à la fourchette.
- Ajouter le riz cuit, les canneberges, les amandes et les oignons verts au contenu de la mijoteuse. Bien mélanger. Couvrir et cuire à température élevée de 20 à 30 min ou jusqu'à ce que ce soit bien chaud. Saler et poivrer.

Compote de rhubarbe et de pommes

Donne environ 645 g (2 ½ tasses)

Grandeur de la mijoteuse 3,5 à 4 litres (14 à 16 tasses)

L'apparition des tendres pousses de rhubarbe roses est l'un des signes du printemps. Cette compote piquante et sucrée peut être servie sur du poulet ou sur du porc grillé ou elle peut accompagner un rôti.

Se conserve au réfrigérateur jusqu'à 1 semaine ou au congélateur jusqu'à 3 mois.

230 g (2 tasses) de rhubarbe hachée, fraîche ou surgelée, décongelée
260 g (1 tasse) de compote de pommes, non sucrée
2 c. à soupe de vinaigre de cidre
55 g (¼ tasse) de cassonade bien tassée
50 g (¼ tasse) de sucre cristallisé
½ c. à café (½ c. à thé) de cannelle moulue

- Mettre la rhubarbe, la compote de pommes, le vinaigre, la cassonade, le sucre et la cannelle dans la cocotte d'une mijoteuse.
- Couvrir et cuire à basse température de 3 à 4 h ou à température élevée de 1 à 2 h ou jusqu'à ce que ce soit tendre.

Quelques douceurs pour terminer

Croustade aux poires

6 à 8 portions

Grandeur de la mijoteuse : 3,5 à 6 litres (14 à 24 tasses)

Voici un savoureux dessert que l'on peut servir pendant la saison des poires.

On trouve les biscuits amaretti dans la plupart des épiceries italiennes ou au rayon des produits fins des supermarchés. Vous pouvez les remplacer par des biscuits au gingembre ou par des biscuits Graham, mais ce dessert aura alors un goût bien différent.

Servez cette croustade chaude avec de la crème glacée à la vanille, de la crème pâtissière ou de la crème fouettée.

Environ 7 ou 8 poires mûres
85 g (½ tasse) d'abricots séchés, hachés
50 g (¼ tasse) de sucre cristallisé
60 ml (¼ tasse) d'amaretto, de rhum brun ou de nectar de poire

LA GARNITURE
Env. 120 g (1 tasse) de biscuits amaretti ou
    de biscuits au gingembre, émiettés (voir p. 97)
60 g (½ tasse) de farine tout usage
75 g (⅓ tasse) de cassonade bien tassée
2 c. à soupe de sucre cristallisé
75 g (⅓ tasse) de beurre froid, coupé en cubes

- Peler les poires, les couper en 2, puis enlever le cœur. Trancher chacune des moitiés en 3.
- Dans un grand bol, mélanger les poires, les abricots, le sucre et l'amaretto. Transférer dans la cocotte d'une mijoteuse.
- Pour faire la garniture : mettre les biscuits émiettés, la farine, la cassonade et le sucre dans un autre bol.
- À l'aide d'un mélangeur à pâtisserie ou de 2 couteaux, couper le beurre dans le mélange jusqu'à ce que le tout ressemble à des petits pois. Parsemer du mélange de poire.
- Couvrir et cuire à basse température de 6 à 8 h ou à température élevée de 3 à 4 h ou jusqu'à ce que ce soit tendre.

Bananes accompagnées d'arachides grillées

4 portions

Grandeur de la mijoteuse : 3,5 à 6 litres (14 à 24 tasses)

Servez ce dessert avec de la crème glacée à la vanille et versez-y un filet de crème de banane (ou de votre alcool préféré) avant de servir.

Utilisez des bananes qui ont la peau légèrement verte. Elles seront un peu dures au départ, mais la cuisson les attendrira. Pour empêcher les bananes de s'oxyder trop rapidement, badigeonnez les côtés coupés d'un peu de jus de citron après les avoir pelées.

Faites vos propres Arachides grillées (voir p. 30) ou utilisez celles du commerce.

220 g (1 tasse) de cassonade bien tassée
80 ml (⅓ tasse) de beurre fondu
1 c. à soupe d'eau chaude
½ c. à café (½ c. à thé) de vanille
8 bananes tout juste mûres, pelées et coupées en 2 dans le sens de la longueur
80 g (½ tasse) d'arachides grillées, hachées

- Dans un petit bol, mettre la cassonade, le beurre fondu, l'eau et la vanille. Bien mélanger.
- Mettre les bananes, le côté coupé vers le haut, au fond de la cocotte légèrement graissée d'une mijoteuse. Verser le mélange de cassonade sur les bananes.
- Couvrir et cuire à basse température de 3 à 4 h ou jusqu'à ce que la sauce fasse des bulles.
- Verser les bananes chaudes dans des bols de service et les parsemer d'arachides.

Pudding de pain perdu aux abricots, sauce caramel

10 à 12 portions

Grandeur de la mijoteuse : 5 à 6 litres (20 à 24 tasses)

Les croissants et la liqueur d'orange font de ce pudding de pain perdu un dessert pour lequel on serait prêt à faire des bassesses. Si vous manquez de temps, utilisez de la sauce caramel du commerce.

Dans cette recette, il faut environ 12 gros croissants ou 24 mini-croissants qui se coupent bien. La plupart des supermarchés offrent des croissants surgelés, mais vous devrez les faire cuire avant de les utiliser dans la recette.

3 boîtes de 385 ml (13 oz) de lait concentré, en conserve
6 œufs légèrement battus
105 g (½ tasse) de sucre cristallisé
60 ml (¼ tasse) de Grand Marnier ou de jus d'orange
½ c. à café (½ c. à thé) de muscade moulue
12 gros croissants ou 24 mini-croissants, hachés
170 g (1 tasse) d'abricots séchés, hachés

LA SAUCE CARAMEL
210 g (1 tasse) de sucre cristallisé
2 c. à soupe d'eau
2 c. à soupe de sirop de maïs
125 ml (½ tasse) de crème à fouetter 35 %
60 g (¼ tasse) de beurre
½ c. à café (½ c. à thé) de vanille

- Pour préparer le pudding : dans un grand bol, mettre le lait concentré, les œufs, le sucre, le Grand Marnier ou le jus d'orange et la muscade. Fouetter jusqu'à ce que ce soit onctueux.
- Mettre les croissants hachés dans la cocotte légèrement graissée d'une mijoteuse. Ajouter les abricots et brasser.
- Verser le premier mélange sur les croissants et les abricots en appuyant délicatement sur le mélange avec une spatule pour que les croissants et les abricots soient bien couverts du mélange liquide. Laisser reposer 20 min.
- Couvrir et cuire à température élevée de 3 à 4 h ou jusqu'à ce que le pudding soit bien doré sur le dessus et ferme au toucher. (Si les côtés commencent à brûler, réduire à basse température et continuer selon les directives de la recette.) Laisser refroidir un peu.
- Entre-temps, préparer la sauce. Dans une casserole, à feu moyen-doux, mettre le sucre, l'eau et le sirop de maïs. Chauffer jusqu'à ce que le sucre se dissolve. Augmenter à feu moyen-élevé. Laisser bouillir sans brasser pendant environ 8 min ou jusqu'à ce que le sirop soit couleur ambre. À l'aide d'un pinceau mouillé, badigeonner le bas des côtés de la casserole, puis faire tournoyer la casserole de temps en temps pour empêcher la sauce de coller.

Vous pouvez faire la sauce
caramel une journée à
l'avance. Couvrez-la et
mettez-la au réfrigérateur.
Réchauffez-la ensuite dans
une casserole, à feu moyen-
doux, avant de servir.

- Retirer la sauce du feu. Incorporer la crème, le beurre et la vanille (le mélange fera beaucoup de bulles).
- Mettre la casserole à feu doux et cuire, en brassant, pendant environ 2 min ou jusqu'à ce que la sauce soit légèrement épaisse.
- Servir le pudding dans des bols individuels et y verser un filet de sauce caramel.

Merveilleux gâteau au fromage pour la mijoteuse

8 à 10 portions

Grandeur de la mijoteuse : 5 à 7 litres (20 à 28 tasses)

Vous aurez peine à croire que vous pouvez obtenir un gâteau au fromage aussi parfait quand vous le faites cuire à la mijoteuse – il est moelleux et crémeux, sans aucune fissure. Avant de commencer, vérifiez si votre moule entre dans la mijoteuse.

Si vous manquez de temps, utilisez une garniture aux fruits du commerce ou des fruits frais.

Vous pouvez faire à l'avance...
Ce gâteau est meilleur quand il est fait la veille et que vous le faites refroidir au réfrigérateur toute la nuit. Au congélateur, il se conserve jusqu'à 2 semaines.

LA CROÛTE
Environ 15 gaufrettes à la vanille émiettées
2 c. à soupe de sucre cristallisé
3 c. à soupe de beurre fondu

LE GÂTEAU AU FROMAGE
2 paquets de 250 g (8 oz) de fromage à la crème, ramolli
105 g (½ tasse) de sucre cristallisé
60 g (¼ tasse) de crème sure
2 œufs légèrement battus
1 c. à café (1 c. à thé) de vanille

LA GARNITURE AUX FRUITS
1 paquet de 300 g (10 oz) de framboises, de fraises ou de bleuets surgelés, décongelés
70 g (⅓ tasse) de sucre cristallisé
2 c. à soupe de fécule de maïs
1 c. à soupe de jus de citron

- Pour faire la croûte : dans un bol, mettre les gaufrettes émiettées, le sucre et le beurre fondu. Bien mélanger, puis presser ce mélange dans un moule à charnière bien graissé de 17 à 20 cm (7 à 8 po). Placer au congélateur jusqu'au moment de l'utilisation.
- Pour faire le gâteau au fromage : dans un grand bol ou un robot culinaire, mettre le fromage à la crème, le sucre et la crème sure. Fouetter le mélange au batteur électrique ou le passer au robot culinaire jusqu'à ce qu'il soit onctueux.
- Ajouter les œufs, un à la fois, en brassant bien entre chacune des additions. Ajouter la vanille.
- Verser le mélange de gâteau au fromage sur la croûte. Bien envelopper tout le moule de papier d'aluminium et fixer le papier à l'aide d'une bande élastique ou d'une ficelle.

Gâteau au fromage marbré

Remplacez les gaufrettes à la vanille par des gaufrettes au chocolat émiettées et ne mettez pas de sucre dans la croûte. Réservez environ 250 g (1 tasse) du mélange de gâteau au fromage. Faites dissoudre 2 c. à café (2 c. à thé) de café moulu dans 1 c. à soupe d'eau bouillante. Incorporez 175 g (6 oz) de chocolat mi-sucré fondu et refroidi dans le reste du mélange de gâteau au fromage avec le café. Étendez tout le mélange au chocolat, sauf environ 125 g (½ tasse), dans le moule graissé. Étendez également par-dessus le mélange à gâteau ordinaire. Couvrez du reste du mélange au chocolat puis, à l'aide d'un couteau, marbrez le gâteau. Faites cuire tel que mentionné dans la recette.

- Déposer le moule dans la cocotte d'une mijoteuse couverte de mousseline à fromage ou de bandes de papier d'aluminium (voir p. 13). Y verser suffisamment d'eau bouillante pour qu'il y ait 2,5 cm (1 po) au fond du moule. (Si le moule s'encastre parfaitement dans la mijoteuse, ajouter l'eau avant d'y mettre le moule.)
- Couvrir et cuire à température élevée de 3 à 4 h ou jusqu'à ce que les côtés soient cuits et que le centre ne soit pas tout à fait ferme. Retirer de la mijoteuse et laisser refroidir complètement, de préférence toute la nuit, avant de servir.
- Entre-temps, pour faire la garniture aux fruits : égoutter les petits fruits et réserver leur jus.
- Dans une petite casserole, mettre le sucre et la fécule de maïs. Incorporer le jus de citron et le jus des petits fruits. Porter à ébullition à feu moyen et laisser mijoter pendant 1 min en brassant. Retirer du feu et incorporer les petits fruits décongelés. Laisser refroidir.
- Juste avant de servir, étendre la garniture sur le gâteau au fromage.

Croustade aux deux petits fruits et à l'érable

6 portions

Grandeur de la mijoteuse : 3,5 à 6 litres (14 à 24 tasses)

Dans cette croustade traditionnelle, les bleuets et les mûres font un excellent ménage. Si vous ne trouvez pas de mûres, remplacez-les par des framboises.

Les croustades de fruits se marient parfaitement bien avec tout ce qui est crémeux, que ce soit la crème glacée, la crème sure ou la crème fouettée, mais vous pouvez alléger ce dessert en le servant avec du yogourt à la vanille surgelé, de la crème sure légère ou du yogourt aux fruits frais.

Si vous utilisez des petits fruits surgelés, il n'est pas nécessaire de les décongeler. La chaleur de la mijoteuse décongèlera les fruits et les cuira.

120 g (1 tasse) de farine tout usage
60 g (½ tasse) de noix de Grenoble hachées
145 g (⅔ tasse) de cassonade bien tassée
120 g (½ tasse) de beurre froid, coupé en cubes
600 g (4 tasses) de bleuets frais ou surgelés
150 g (1 tasse) de mûres ou de framboises fraîches ou surgelées
160 ml (⅔ tasse) de sirop d'érable
1 c. à soupe de fécule de maïs
2 c. à soupe de jus de citron

- Dans un bol, mettre la farine, les noix et la cassonade. À l'aide d'un mélangeur à pâtisserie ou de 2 couteaux, couper le beurre dans le mélange jusqu'à ce que le tout ressemble à des petits pois.
- Mettre les bleuets, les mûres ou les framboises, le sirop d'érable, la fécule de maïs et le jus de citron dans la cocotte d'une mijoteuse. Bien mêler le tout. Parsemer les petits fruits du mélange farine et noix.
- Couvrir et cuire à basse température de 6 à 8 h ou à température élevée de 3 à 4 h ou jusqu'à ce que les fruits soient tendres et que le jus fasse des bulles.

Pommes à la cassonade et à la noix de coco

6 portions

Grandeur de la mijoteuse : 5 à 6 litres (20 à 24 tasses)

Quand vous rentrez à la maison, vous sentez tout de suite l'odeur invitante des pommes qui sont en train de cuire avec du beurre et des épices. Que demander de plus ? Si désiré, vous pouvez parsemer les pommes d'un peu de noix de coco grillée (voir p. 61) avant de servir.

Si l'une des pommes ne reste pas à la verticale dans la mijoteuse, coupez-en une fine tranche à la base.

Ce dessert est meilleur s'il est fait dans une grande mijoteuse ovale. Si vous ne disposez que d'une petite mijoteuse, utilisez seulement 3 ou 4 pommes (selon le nombre de pommes que vous pouvez y mettre) et préparez seulement la moitié de la garniture.

6 pommes à cuire comme les Cortland, les Melba ou les McIntosh
2 c. à soupe de cassonade bien tassée
2 c. à soupe de noix de coco, en flocons
1 c. à café (1 c. à thé) de cannelle moulue
½ c. à café (½ c. à thé) de muscade moulue
3 c. à soupe de sirop d'érable
6 c. à soupe de beurre froid
250 ml (1 tasse) de jus de pomme

- Peler le haut de chaque pomme (environ le quart de la surface). Avec une cuillère parisienne, en retirer le cœur en gardant la base intacte. Placer les pommes à la verticale dans la cocotte d'une mijoteuse.
- Dans un bol, mélanger la cassonade, la noix de coco, la cannelle et la muscade. Mettre ce mélange dans les pommes évidées.
- Verser environ 2 c. à café (2 c. à thé) de sirop d'érable dans chaque cavité. Mettre 1 c. à soupe de beurre sur chaque pomme. Verser du jus de pomme autour des fruits.
- Couvrir et cuire à basse température de 6 à 8 h ou à température élevée de 3 à 4 h ou jusqu'à ce que les pommes soient tendres.
- Déposer les pommes dans des bols de service individuels et verser le reste de la sauce autour des pommes.

Pudding de pain perdu
aux deux chocolats et au caramel

8 à 10 portions

Grandeur de la mijoteuse : 3,5 à 6 litres (14 à 24 tasses)

Quand vous êtes d'humeur à faire des folies, ce dessert est parfait. Et si le cœur vous en dit, servez-le avec de la Sauce à la vanille.

Pour ajouter encore une petite touche de folie, utilisez du pain au chocolat. Vous pouvez vous en procurer dans les boulangeries ou, en en faisant la demande, au rayon de la boulangerie des supermarchés.

Vous pouvez faire à l'avance...
Vous pouvez préparer ce plat entièrement et le réfrigérer jusqu'à 24 h avant de le servir. La journée suivante, déposez la cocotte dans la mijoteuse et continuez la cuisson tel que mentionné dans la recette.

6 tranches épaisses de pain blanc ou de pain aux œufs,
   la croûte enlevée, coupées en cubes de 2,5 cm (1 po)
180 g (1 tasse) de grains de chocolat blanc
625 ml (2 ½ tasses) de lait chaud
220 g (1 tasse) de cassonade bien tassée
3 œufs légèrement battus
2 c. à soupe de beurre fondu
1 c. à café (1 c. à thé) de vanille
3 tablettes ou roulés de 52 g (2 oz) de chocolat au caramel,
   coupés en morceaux

LA SAUCE À LA VANILLE (FACULTATIF)
140 g (1 tasse) de crème glacée à la vanille, fondue
2 c. à soupe d'amaretto

- Mettre les cubes de pain dans la cocotte légèrement graissée d'une mijoteuse.
- Déposer les grains de chocolat blanc dans un bol. Verser le lait chaud par-dessus et laisser reposer pendant 5 min. Battre jusqu'à ce que le mélange soit onctueux.
- Dans un grand bol, fouetter la cassonade, les œufs, le beurre fondu et la vanille. Incorporer le mélange de lait et de chocolat. Verser le mélange de chocolat sur les cubes de pain.
- Répartir également dans le pain les morceaux de chocolat au caramel et presser le mélange. Laisser reposer 20 min.
- Couvrir et cuire à température élevée de 3 à 4 h ou jusqu'à ce que la pointe d'un couteau piquée au centre du pudding en ressorte propre.
- Préparer la sauce à la vanille, si désiré. Incorporer l'amaretto à la crème glacée. Mélanger jusqu'à ce que le mélange soit onctueux.
- Pour servir, mettre le pudding chaud dans des assiettes de service individuelles et verser de la Sauce à la vanille sur le pudding, si désiré.

Poires accompagnées de sauce au sirop d'érable

6 portions

Grandeur de la mijoteuse : 3,5 à 6 litres (14 à 24 tasses)

Ce succulent dessert est extrêmement simple, mais c'est un véritable plaisir à servir quand il y a plusieurs invités. Servez-le à température de la pièce, garni de crème fouettée ou d'un peu de noix de coco grillée (voir p. 61).

Je vous recommande ici d'utiliser les poires Bartlett, mais les poires Bosc sont une bonne solution de rechange. Achetez les poires quelques jours à l'avance et laissez-les mûrir à température de la pièce jusqu'à ce qu'elles soient juteuses, mais encore fermes. Après avoir pelé les poires, frottez-les de jus de citron pour les empêcher de s'oxyder.

La meilleure mijoteuse à utiliser pour cette recette est celle de 3,5 litres (14 tasses), car les poires ont suffisamment d'espace pour être partiellement couvertes de sauce.

6 poires fermes, mais mûres
80 ml (⅓ tasse) de sirop d'érable
55 g (¼ tasse) de cassonade bien tassée
1 c. à soupe de beurre fondu
1 c. à café (1 c. à thé) de zeste d'orange râpé
1 c. à soupe de fécule de maïs
2 c. à soupe d'eau

- Peler les poires, puis les évider par le bas. Conserver la queue attachée au fruit. Déposer les poires à la verticale dans la cocotte d'une mijoteuse.
- Dans un bol, mélanger le sirop d'érable, la cassonade, le beurre fondu et le zeste d'orange. Verser le mélanger sur les poires.
- Couvrir et cuire à température élevée de 2 à 3 h ou jusqu'à ce que les poires soient tendres. Retirer délicatement les poires de la mijoteuse et les déposer dans des bols de service.
- Dans un petit bol ou un bocal, mélanger la fécule de maïs et l'eau. Incorporer ce liquide à la sauce, dans la mijoteuse. Couvrir et cuire à température élevée pendant 10 min ou jusqu'à ce que la sauce épaississe. Verser la sauce sur les poires.

La fécule de maïs
Pour mélanger rapidement de la fécule de maïs avec un liquide, vous pouvez utiliser un bocal. Vissez bien le couvercle, puis secouez le bocal jusqu'à ce que le mélange soit onctueux. (Cette méthode est plus rapide que de brasser jusqu'à ce que toute la fécule soit dissoute.)

Pain de maïs vapeur à la citrouille et aux dattes

Donne 1 pain

Grandeur de la mijoteuse : 5 à 6 litres (20 à 24 tasses)

J'aime bien faire une bonne quantité de ce pain et en servir avec le café. Et ce pain peut aussi être un bon accompagnement au Chili aux légumes (voir p. 150).

Avant de commencer, assurez-vous que le moule à soufflé entre dans la mijoteuse.

Vous pouvez faire à l'avance…

Vous pouvez préparer ce pain jusqu'à 24 h avant de le servir. Faites-le refroidir complètement. Remettez-le ensuite dans le moule à soufflé. Enveloppez tout le moule de papier d'aluminium et fixez le papier à l'aide d'une bande élastique ou d'une ficelle. Conservez le pain à température de la pièce. Le pain peut être de nouveau passé à la vapeur. Pour ce faire, versez environ 2,5 cm (1 po) d'eau qui mijote dans une casserole et déposez le pain sur une grille que vous placez dans la casserole, au-dessus de l'eau. Couvrez et laissez reposer à la vapeur jusqu'à ce que le pain soit bien chaud, soit environ 15 min.

60 g (½ tasse) de farine tout usage
70 g (½ tasse) de farine de blé entier
85 g (½ tasse) de farine de maïs jaune
1 c. à café (1 c. à thé) de bicarbonate de soude
½ c. à café (½ c. à thé) de sel
55 g (¼ tasse) de dattes hachées
30 g (¼ tasse) de noix de Grenoble ou de pacanes, hachées
160 ml (⅔ tasse) de babeurre ou de lait sur (voir p. 185)
120 g (½ tasse) de purée de citrouille
125 ml (½ tasse) de miel liquide
1 jaune d'œuf

- Dans un grand bol, mélanger les trois types de farine, le bicarbonate de soude et le sel. Incorporer les dattes et les noix de Grenoble.
- Dans un autre bol, fouetter le babeurre ou le lait sur, la purée de citrouille, le miel et le jaune d'œuf.
- Faire un puits au milieu des ingrédients secs. Y verser les ingrédients liquides et remuer jusqu'à ce que ce soit tout juste mélangé.
- Verser la pâte dans un moule à soufflé bien graissé de 1,5 litre (6 tasses). Couvrir le moule de papier d'aluminium et fixer le papier à l'aide d'une bande élastique ou d'une ficelle. Déposer le moule au fond de la cocotte d'une mijoteuse couverte de mousseline à fromage ou de bandes de papier d'aluminium (voir p. 13). Verser dans la cocotte suffisamment d'eau bouillante pour qu'il y ait 2,5 cm (1 po) au fond du moule. (Si le moule s'encastre parfaitement dans la mijoteuse, ajouter l'eau avant d'y mettre le moule.)
- Couvrir et cuire à température élevée de 3 à 4 h ou jusqu'à ce que la pointe d'un couteau piquée au centre du pain en ressorte propre.
- Retirer le pain de la mijoteuse et le laisser refroidir légèrement. Enlever le papier d'aluminium. Passer un couteau à l'intérieur du moule, en faisant tout le tour du pain, puis retirer le pain du moule. Servir chaud.

Tourte aux prunes

6 portions

Grandeur de la mijoteuse : 3,5 à 5 litres (14 à 20 tasses)

Sucrées et bien juteuses, les prunes rouges sont parfaites pour cette tourte traditionnelle. Servez-la avec de la Sauce à la vanille (voir p. 178) ou avec de la crème glacée.

Vous pouvez aussi remplacer les prunes par des pêches ou par des poires. Ajoutez alors 1 c. à soupe de jus de citron aux fruits pour les empêcher de s'oxyder.

1,5 kg (7 tasses) de prunes rouges dénoyautées, en tranches
75 g (⅓ tasse) de cassonade bien tassée
1 c. à soupe de fécule de maïs
Une pincée de clous de girofle moulus

LA PÂTE
180 g (1 ½ tasse) de farine tout usage
70 g (⅓ tasse) de sucre cristallisé
1 c. à soupe de levure chimique (poudre à pâte)
¼ c. à café (¼ c. à thé) de sel
2 c. à café (2 c. à thé) de zeste d'orange râpé
120 g (½ tasse) de beurre froid, coupé en cubes
160 ml (⅔ tasse) de lait
1 c. à café (1 c. à thé) de vanille

- Mettre les prunes dans la cocotte d'une mijoteuse.
- Dans un bol, mélanger la cassonade, la fécule de maïs et les clous de girofle. Parsemer les fruits de ce mélange et brasser pour bien les recouvrir du mélange.
- Couvrir et cuire à basse température de 6 à 8 h ou à température élevée de 3 à 4 h ou jusqu'à ce que les fruits fassent des bulles.
- Pour préparer la pâte : dans un bol, mettre la farine, le sucre, la levure chimique, le sel et le zeste d'orange. À l'aide d'un mélangeur à pâtisserie ou de 2 couteaux, couper le beurre dans le mélange précédent jusqu'à ce que le tout ressemble à des petits pois.
- Dans une tasse à mesurer ou un petit bol, mélanger le lait et la vanille. Verser ce mélange dans le mélange de farine, puis mêler à la fourchette jusqu'à l'obtention d'une pâte épaisse.
- Déposer la pâte par cuillerées sur le mélange de fruits. Couvrir et cuire à température élevée de 30 à 45 min ou jusqu'à ce que la pointe d'un couteau piquée au centre de la tourte en ressorte propre.

Pain d'épice de grand-mère, garni de sauce au citron

8 portions

Grandeur de la mijoteuse : 3,5 à 6 litres (14 à 24 tasses)

Quand vous faites cuire ce savoureux pain d'épice à la mijoteuse, vous obtenez un dessert tendre, un plaisir parfumé tout à fait divin, tout comme grand-mère savait en faire.

120 g (½ tasse) de beurre ramolli
105 g (½ tasse) de sucre cristallisé
1 œuf légèrement battu
250 ml (1 tasse) de mélasse de fantaisie
300 g (2 ½ tasses) de farine tout usage
1 ½ c. à café (1 ½ c. à thé) de bicarbonate de soude
2 c. à café (2 c. à thé) de gingembre moulu
1 c. à café (1 c. à thé) de cannelle moulue
½ c. à café (½ c. à thé) de clous de girofle moulus
½ c. à café (½ c. à thé) de sel
250 ml (1 tasse) de café fort, chaud

LA SAUCE AU CITRON
65 g (½ tasse) de sucre à glacer
2 c. à café (2 c. à thé) de fécule de maïs
Une pincée de sel
Le jus de 2 citrons
125 ml (½ tasse) d'eau
1 c. à soupe de beurre

- Dans un grand bol, à l'aide d'un batteur électrique, mettre le beurre et le sucre en crème. Ajouter l'œuf et battre environ 1 min ou jusqu'à ce que ce soit léger et mousseux. Incorporer la mélasse.
- Dans un autre bol, tamiser ensemble la farine, le bicarbonate de soude, le gingembre, la cannelle, les clous de girofle et le sel.
- Incorporer le mélange de farine au mélange de beurre, en alternant avec le café. Faire 3 ajouts de farine et 2 de café, en mélangeant bien après chaque addition.
- Graisser légèrement la cocotte d'une mijoteuse et couvrir le fond d'un morceau de papier parchemin ou de papier ciré coupé aux bonnes proportions. Préchauffer la mijoteuse à haute température pendant 10 min afin de réchauffer la cocotte.
- Verser la pâte dans la mijoteuse. Pour éviter que la pâte à gâteau ne soit humide, couvrir le dessus de la mijoteuse de 2 linges à vaisselle propres (pliés en 2 pour obtenir 4 épaisseurs) avant de mettre le couvercle. Le tissu absorbera toute l'humidité qui s'accumule pendant la cuisson.

Si vous manquez de temps, vous pouvez omettre la sauce au citron et servir le pain saupoudré de sucre à glacer. La compote de pommes peut aussi faire un bon accompagnement.

- Couvrir et cuire à basse température de 3 à 4 h ou à température élevée de 1 h 45 à 2 h ou jusqu'à ce que la pointe d'un couteau piquée au centre du pain d'épice en ressorte propre. Retourner le pain d'épice sur une tôle à biscuits et retirer le papier parchemin ou le papier ciré. Laisser refroidir légèrement.
- Pour préparer la sauce au citron : dans une petite casserole, mélanger le sucre à glacer, la fécule de maïs et le sel.
- Ajouter un peu de jus de citron à la fois en brassant pour former un mélange onctueux. Verser l'eau. Cuire, en brassant, à feu moyen-élevé pendant environ 1 min ou jusqu'à ce que le mélange épaississe et fasse des bulles. Retirer du feu et incorporer le beurre jusqu'à ce qu'il soit fondu.
- Couper le pain d'épice en morceaux et le garnir de sauce.

Gâteau renversé à l'ananas

6 à 8 portions

Grandeur de la mijoteuse : 5 à 6 litres (20 à 24 tasses)

Ce classique est fait avec de l'ananas frais, garni de pacanes, et du zeste d'orange. Servez-le avec une bonne cuillerée de crème fouettée.

L'ANANAS
2 c. à soupe de beurre fondu
145 g (⅔ tasse) de cassonade bien tassée
½ ananas moyen, pelé et coupé en 10 tranches environ ou 540 ml (19 oz)
    d'ananas en tranches, en conserve, égoutté
55 g (½ tasse) de pacanes hachées

LE GÂTEAU
120 g (1 tasse) de farine tout usage
1 c. à café (1 c. à thé) de levure chimique (poudre à pâte)
1 c. à café (1 c. à thé) de bicarbonate de soude
¼ c. à café (¼ c. à thé) de sel
60 g (¼ tasse) de beurre ramolli
210 g (1 tasse) de sucre cristallisé
1 œuf légèrement battu
1 c. à soupe de jus de citron
1 c. à café (1 c. à thé) de vanille
125 ml (½ tasse) de babeurre ou de lait sur
1 c. à soupe de zeste d'orange râpé

- Pour préparer l'ananas : dans un petit bol, mettre le beurre fondu et la cassonade. Répartir ce mélange également au fond de la cocotte d'une mijoteuse. Disposer les tranches d'ananas sur le mélange de cassonade. Parsemer des pacanes.
- Pour préparer le gâteau : dans un bol, tamiser ensemble la farine, la levure chimique, le bicarbonate de soude et le sel.
- Dans un grand bol, mettre le beurre et le sucre en crème jusqu'à ce que le mélange soit léger et mousseux. Y fouetter l'œuf.
- Dans un petit bol ou une tasse à mesurer, mélanger le jus de citron, la vanille et le babeurre ou le lait sur. Ajouter en alternance le mélange de farine et le mélange de babeurre ou de lait sur au mélange de beurre. Faire 3 ajouts de farine et 2 de babeurre ou de lait sur en fouettant bien après chaque addition. Incorporer le zeste d'orange, puis étendre la pâte sur les tranches d'ananas.

- Pour éviter que la pâte à gâteau ne soit humide, couvrir le dessus de la mijoteuse de 2 linges à vaisselle propres (pliés en 2 pour obtenir 4 épaisseurs) avant de mettre le couvercle. Le tissu absorbera toute l'humidité qui s'accumule pendant la cuisson.
- Couvrir et cuire à température élevée de 3 à 4 h ou jusqu'à ce que la pointe d'un couteau piquée au centre du gâteau en ressorte propre. Laisser refroidir le gâteau dans la mijoteuse. Renverser le gâteau sur une assiette de service avant de le couper.

Le lait sur – Donne 125 ml (½ tasse)

Vous pouvez remplacer le babeurre par du lait sur. Pour obtenir du lait sur : mélangez 1 ½ c. à café (1 ½ c. à thé) de jus de citron avec suffisamment de lait pour qu'il y ait au total 125 ml (½ tasse) de liquide. Brassez et laissez reposer 5 min avant l'utilisation.

Flan à la citrouille

4 à 6 portions

Grandeur de la mijoteuse : 5 à 6 litres (20 à 24 tasses)

Un repas de fête serait-il encore un repas de fête sans dessert à la citrouille? Chose certaine, vous ne raterez jamais la croûte de ce dessert facile à préparer. Les biscuits au gingembre lui ajoutent une petite touche croquante. Servez-le avec de la crème fouettée.

Avant de commencer, assurez-vous que le moule à soufflé entre dans la mijoteuse.

Crème brûlée à la citrouille
Oubliez les biscuits au gingembre et mettez le flan au réfrigérateur jusqu'à ce qu'il soit bien froid (vous pouvez le laisser au frigo jusqu'à 2 jours). Parsemez le flan de 110 g (½ tasse) de cassonade bien tassée, puis passez-le sous le gril, à *broil*, à 15 cm (6 po) de la source de chaleur, de 2 à 6 min ou jusqu'à ce que la cassonade fasse des bulles et commence à brunir. Placez au réfrigérateur sans couvercle pendant au moins 30 min et même jusqu'à 3 h avant de servir.

540 ml (19 oz) de garniture pour tarte à la citrouille, en conserve
385 ml (13 oz) de lait concentré, en conserve
2 œufs légèrement battus
Env. 120 g (1 tasse) de biscuits au gingembre émiettés (voir p. 97)

- Dans un bol, fouetter la garniture à la citrouille, le lait et les œufs. Verser le tout dans un moule à soufflé de 1 litre (4 tasses) non graissé. Bien envelopper tout le moule de papier d'aluminium et fixer le papier à l'aide d'une bande élastique ou d'une ficelle.
- Déposer le moule à soufflé au fond de la cocotte d'une mijoteuse couverte de mousseline à fromage ou de bandes de papier d'aluminium (voir p. 13). Y verser de l'eau bouillante pour qu'il y ait 2,5 cm (1 po) au fond du moule. (Si le moule s'encastre parfaitement dans la mijoteuse, ajouter l'eau avant d'y mettre le moule.)
- Couvrir et cuire à température élevée de 3 h 30 à 4 h ou jusqu'à ce que la pointe d'un couteau piquée au centre du flan en ressorte propre. À l'aide des poignées de papier d'aluminium ou de la mousseline à fromage, retirer le moule de la mijoteuse et le déposer sur une grille métallique.
- Servir tiède, parsemé de miettes de biscuits au gingembre.

Index

Table des matières

Achevé d'imprimer au Canada
sur les presses des Imprimeries Transcontinental Inc.